LA
CHAUMIÈRE
AFRICAINE.

DIJON, IMPRIMERIE DE NOELLAT.

LA CHAUMIÈRE
AFRICAINE,
OU
HISTOIRE

D'une famille française jetée sur la côte occidentale de l'Afrique, à la suite du naufrage de la Frégate *la Méduse.*

Par Mme DARD, née CHARLOTTE-ADELAÏDE PICARD, aînée de cette famille, l'une des naufragés de la *Méduse.*

> Heureux! oui, mille fois heureux, celui qui jamais ne porta ses pas sur une terre étrangère!
> (CHAP. III, pag. 40.)

A DIJON,
CHEZ NOELLAT, IMPRIMEUR-LIBRAIRE,
rue au Change.
ET CHEZ L'AUTEUR, A BLIGNY-SOUS-BEAUNE.

1824.

PRÉFACE.

Ceux qui ont lu la *Relation du Naufrage de la Méduse* (1), par MM. Savigny et Corréard, connaissent déjà la famille Picard.

---

(1) Cette Frégate, qui portait les Employés chargés de reprendre possession de la colonie du Sénégal, échoua sur le banc d'Arguin, le 2 juillet 1816.

Attiré au Sénégal par une perspective encourageante, mon père, chef de cette infortunée famille, ne put, malgré sa bonne constitution et la force de son caractère, résister à la destinée qui l'y poursuivit sans relâche, destinée aux atteintes mortelles de laquelle nous n'échappâmes que trois, de neuf que nous étions. Il me témoigna en expirant le désir que nos malheurs ne demeurassent pas inconnus ; c'est donc pour moi un devoir, et un devoir sacré de les publier : je goûte en le remplissant la consolation de penser qu'aucune ame sensible n'apprendra d'aussi grandes infortunes sans en être touchée, et que nos persécuteurs éprouveront au moins quelque regret.

Le récit du *Naufrage de la Méduse* était nécessaire, tant pour indiquer l'origine de nos malheurs, qu'à cause de la liaison qu'il y a entre ce désastreux événement et le terrible voyage dans le désert de Saara, par lequel nous parvînmes enfin au Sénégal. Il m'a fourni l'occasion de relever ce qui, dans l'ouvrage de MM. *Savigny* et *Corréard*, manque d'exactitude.

Il me reste à demander au Lecteur son indulgence pour le style : j'espère qu'il ne la refusera pas à une femme, qui n'a osé prendre la plume, que parce que les dernières paroles de son père lui en imposèrent l'obligation.

LA CHAUMIÈRE AFRICAINE.

CHAPITRE PREMIER.

M. Picard fait un premier voyage en Afrique, laissant à Paris son épouse et ses deux jeunes filles. — Mort de Madame Picard. — Ses enfans sont reçus chez leur grand-père. — Retour de M. Picard après neuf ans d'absence. — Il se remarie et part, peu de temps après avec toute sa famille, pour le Sénégal. — Description du voyage de Paris à Rochefort.

Au commencement de 1800, mon père sollicita et obtint l'emploi de *Greffier-Notaire* à la résidence du Sénégal, côte occidentale d'Afrique. Ma mère qui allaitait alors ma sœur cadette, ne put se résoudre à nous exposer, si jeunes encore, aux fatigues et aux dangers d'un si long voyage. A cette époque, je n'avais guère que deux ans.

Il fut donc résolu que mon père partirait seul, et que nous irions le rejoindre l'année suivante; mais l'espoir de notre mère fut déçu, la guerre ayant rendu impossible toute communication avec nos Colonies. Notre malheureuse mère, désespérée d'une séparation qui la mettait à près de deux mille lieues de son mari, sans savoir quel en serait le terme, tomba bientôt dans un état de langueur; et au bout de cinq ans de souffrances, la mort nous l'enleva. Mon grand-père, chez qui nous avions toujours demeuré, nous tint alors lieu de père et de mère, et je ne dois pas craindre de dire que les soins, les conseils et toutes les bontés de ce vénérable vieillard nous firent peu à peu oublier que nous étions comme orphelines. Trop jeunes encore pour penser que l'état de bonheur dont nous jouissions sous la tutèle de notre aïeul, ne pouvait pas toujours durer, nous étions sans inquiétude sur l'avenir, et nos années s'écoulaient dans une parfaite tranquillité.

Nous vécûmes ainsi jusqu'en 1809, époque où la prise de la colonie du Sénégal par les Anglais, permit à notre père de venir retrouver sa famille. Mais quel changement pour lui en arrivant à Paris! Épouse, domicile, mobilier, amis, tout avait disparu; il ne lui restait que deux jeunes filles qui refusaient de le reconnaître pour leur père, tant nos jeunes âmes s'étaient habituées à ne voir et à n'aimer, dans le monde, que le respectable vieillard qui avait pris soin de notre enfance.

En 1810, notre père jugea à propos de

nous donner une belle-mère ; mais un grand malheur attendait ses enfans ; notre grand-père mourut. Nos larmes n'étaient pas encore séchées, que l'on nous conduisit chez celle qui était devenue notre seconde mère. Nous la connaissions à peine : notre douleur était grande, et la perte que nous venions de faire, irréparable ; mais l'on parvint à nous consoler. Robes, bijoux, fantaisies, tout nous fut prodigué pour nous faire oublier que nous avions perdu notre meilleur ami. Nous jouissions encore de cet état vraiment heureux, lorsque les armées alliées arrivèrent à Paris en 1814.

La France ayant eu le bonheur de recouvrer son roi, et avec lui, la paix, une expédition fut armée à Brest pour aller reprendre possession de la colonie du Sénégal qui nous était rendue. Mon père fut aussitôt réintégré dans sa place de *Greffier-Notaire*, et partit au mois de novembre pour Brest. Comme notre famille était devenue plus nombreuse par le second mariage de mon père, il ne put emmener avec lui que notre belle-mère et ses plus jeunes enfans. Pour ma sœur Caroline et moi, nous fûmes placées dans une pension de Paris, en attendant que le ministre de la marine et des Colonies voulût bien nous accorder le passage ; mais les événemens de 1815 ayant fait abandonner l'expédition du Sénégal, qui se trouvait encore au port de Brest, tous les employés furent licenciés. Mon père alors revint à Paris, laissant à Brest notre belle-mère, à qui son état de grossesse ne permit pas de faire le voyage.

En 1816, une nouvelle expédition fut préparée : mon père reçut l'ordre de se rendre à Rochefort d'où elle devait partir ; il prit ses mesures pour que son épouse, qui était restée à Brest pendant les cent jours, s'y rendît aussi. Le dessein de nous emmener tous avec lui en Afrique, lui fit adresser une nouvelle supplique au ministre de la marine, pour le prier d'accorder le passage à toute sa famille, ce qu'il obtint. Le vingt-trois mai était le jour auquel nous devions quitter la capitale, nos parens et nos amis. En attendant cette époque, ma sœur et moi nous sortîmes de la pension où l'on nous avait placées, et nous allâmes faire nos adieux à tous ceux qui nous étaient chers. Une cousine qui nous aimait tendrement, ne put apprendre notre prochain départ sans répandre des larmes; et comme il lui était impossible de rien changer à notre destinée, elle s'offrit à la partager. Aussitôt elle se présenta au ministère, et M. le baron Portal, touché de l'amitié qui lui faisait affronter les dangers d'une si longue traversée, lui accorda son passage.

Enfin, une belle aurore vint nous annoncer que nous touchions au moment de quitter Paris. Le conducteur qui devait nous mener à Rochefort, était déjà à la porte de la maison que nous habitions, pour nous prévenir que sa voiture nous attendait à la barrière d'Orléans. Bientôt un vieux fiacre se présente; mon père le retient : il est rempli en un instant. Le cocher impatient fait claquer son fouet, l'étincelle jaillit, et la rue de Lille que nous quittions est déjà loin de nous. On arrive devant le jardin du Luxembourg, où le soleil dardant ses premiers feux à travers le feuillage, semblait nous dire : Vous abandonnez les zéphirs en quittant ce beau séjour. On arrive devant l'Observatoire, et en un moment nous eûmes franchi la barrière d'Enfer. Là, comme pour nous laisser encore un instant respirer l'air de la capitale, on nous fait descendre à l'hôtel du Panthéon où se trouvait notre voiture. On déjeune promptement; le postillon arrange nos malles, et l'on part. Il était près de sept heures quand nous quittâmes les barrières de Paris, et nous arrivâmes le soir dans la petite ville d'Etampes, où notre hôte empressé à nous restaurer, faillit brûler son auberge en nous faisant une omelette avec des œufs couvis. La flamme se développant dans sa vieille cheminée, commençait déjà à gagner le toît. Cependant on parvint à l'éteindre ; mais nous fûmes régalés d'une fumée qui nous fit tous pleurer. Il était grand jour quand nous partîmes d'Etampes, et notre conducteur, qui avait passé une grande partie de la nuit à boire avec ses camarades, n'était rien moins que complaisant. Nous lui en fîmes des reproches, mais il en fit peu de cas; car le soir du même jour, il s'enivra complètement. Le vingt-cinq mai, à dix heures du matin, mon père m'apprit que nous étions déjà à trente-deux lieues de Paris. Trente-deux lieues, m'écriai-je ! ah ! que c'est loin !

Pendant que je faisais cette réflexion, nous arrivâmes à Orléans. Nous nous y arrêtâmes environ trois heures, tant pour nous rafraîchir que pour laisser reposer nos chevaux. Nous ne voulûmes point quitter cette ville sans saluer la statue qu'on y a élevée en l'honneur de Jeanne d'Arc, de cette fille extraordinaire à qui la monarchie a dû autrefois son salut.

Au sortir d'Orléans, la Loire et les pâturages abondans à travers lesquels elle roule ses eaux, excitèrent notre admiration. Nous avions à droite les superbes vignobles de Beaugency. La route jusqu'à Amboise est délicieuse. Je commençai dès-lors à croire que Paris et ses environs pourraient bien être oubliés, si le pays du Sénégal où nous allions, était aussi beau que celui que nous parcourions. Nous couchâmes à Amboise, qui, par sa situation au confluent de la Loire et de la Masse, présente un aspect fort agréable.

Lorsque nous en partîmes, le soleil commençait à sortir des bosquets verdoyans qu'arrose le cours majestueux du fleuve; son disque paraissait comme un lustre éclatant suspendu à une voûte d'azur. Notre route se trouvait alors garnie des deux côtés de hauts peupliers qui semblaient porter leur tête pyramidale jusqu'au ciel. A gauche était la Loire, et à droite un large ruisseau dont les eaux claires et limpides réfléchissaient partout les rayons dorés du soleil. Les oiseaux par leur chant célébraient la beauté du jour, tandis que la rosée, en forme de perles descendait en cadence des rameaux déliés que les zéphirs balançaient. Là, mille sites pittoresques s'offrirent à notre vue. D'un côté étaient des bosquets charmans dont les fleurs suaves parfumaient l'air que nous respirions; d'un autre, une claire fontaine sortait en bouillonnant du creux d'un rocher, et tombait ensuite du haut d'une petite colline à travers des buissons fleuris, pour aller mêler ses eaux avec celles du fleuve. Plus loin, un petit bois de coudriers servait d'asile aux ramiers qui roucoulaient, et aux rossignols qui chantaient le printems.

Nous jouîmes de ce spectacle vraiment enchanteur jusqu'à notre arrivée à Tours. Mais autant la route d'Orléans à Tours avait été variée et agréable, autant celle de cette dernière ville à Rochefort, fut monotone et ennuyeuse. Cependant les villes de Chatellerault, Poitiers et Niort, firent un peu diversion à notre ennui. De Niort à Rochefort, la route était presqu'impraticable; aussi fûmes-nous souvent obligés de descendre de la voiture, pour donner plus de facilité aux chevaux de la tirer des mauvais pas que nous rencontrions. En approchant d'un hameau nommé Charente, nous nous enfonçâmes si profondément dans un bourbier, qu'il nous fut presqu'impossible d'en sortir, même après le déchargement de nos malles et de tout notre bagage. Cependant nous étions au milieu d'un bois, et aucun village ne s'offrait à notre vue. Il fallut donc se résoudre à attendre que quelques bonnes ames passassent pour nous aider à sortir de l'embarras où nous étions. Pendant plus d'une grande heure, nous attendîmes des secours, mais en vain ; les personnes qui se présentèrent d'abord étaient des marchands ambulans, qui ne furent point du tout d'avis de retarder leur voyage, pour nous être utiles. Enfin nous vîmes sortir d'un petit sentier, qui se trouvait à l'extrémité du bois, une jeune Dame qui se promenait un livre à la main. Aussitôt mon père courut vers elle, et lui exposa l'état où nous nous trouvions. Cette Dame, loin de se conduire à notre égard comme les voyageurs que nous venions de rencontrer, alla de suite prier ses fermiers qui labouraient dans la plaine voisine, de venir avec leurs bœufs pour nous sortir du mauvais pas où nous étions, et elle revint avec eux. Lorsque notre voiture fut remise en état de continuer la route, la Dame nous offrit d'aller nous rafraîchir dans sa maison de campagne, située au milieu du bois. Nous prîmes donc la traverse, et nous nous rendîmes avec notre voiture aux instances de cette aimable Dame, qui nous reçut de la manière la plus affable, et avec les procédés les plus généreux. Elle nous offrit d'abord des poires de son jardin, qui déjà commençaient à être bonnes; ensuite on nous servit un goûter exquis, à la fin duquel un jeune enfant, beau comme les amours, nous présenta une corbeille remplie des plus belles fleurs du printems. Nous acceptâmes ce don de flore, en témoignant toute notre gratitude à notre Dame généreuse et à son charmant enfant. Traversant ensuite le parc de notre hôtesse hospitalière, nous allâmes rejoindre la route de Rochefort.

En payant un juste tribut de reconnaissance, à la personne officieuse qui nous fut d'un si grand secours, je ne puis résister au plaisir de faire connaître son nom : cette Dame est l'épouse de M. Télotte, employé supérieur au magasin général de Rochefort.

Déjà les mâts des navires paraissaient à l'horison, et nous entendions dans le lointain un bruit sourd et confus, semblable à celui que fait une multitude de gens occupés à divers travaux. Nous approchions de Rochefort. Le tumulte que nous entendions, était causé par les ouvriers des chantiers et les forçats qui traînaient péniblement leurs fers, tout en vaquant aux divers travaux du port. Etant entrés en cette ville, le premier tableau qui s'offrit à nos yeux fut celui de ces malheureux, qui, accouplés deux à deux par d'énormes chaînes, sont forcés de transporter les fardeaux les plus pesans. Il faut le dire en passant, ce spectacle n'était guère attrayant pour des jeunes Demoiselles qui n'avaient jamais quitté Paris ; car malgré toute la répugnance qu'on peut avoir pour ceux que les lois condamnent à vivre loin de la société, on ne peut voir avec indifférence, cette foule d'êtres pensans, dégradés par suite de leurs actions criminelles, au point d'être assimilés aux bêtes de somme.

Mon esprit était encore plein de ces tristes réflexions, lorsque mon père, ouvrant la portière de notre voiture, m'apprit que nous allions descendre dans un hôtel de la rue Dauphine, où déjà nous attendaient notre belle-mère et nos jeunes frères et sœurs, qui étaient restés à Brest avec elle. Bientôt toute notre nombreuse famille fut encore réunie. Quels transports de joie ! quels embrassemens ! non il n'est rien de comparable au plaisir de revoir ses parens après une longue absence !

Nous voilà à Rochefort. Mon père va rendre sa visite aux employés qui devaient faire le voyage du Sénégal avec nous. Ma belle-mère s'occupe de nous faire apprêter à souper, et ma sœur Caroline, ma cousine et moi, nous allons dormir, car la promenade ne s'accommodait point avec la fatigue dont nous étions accablées. D'ailleurs nous pouvions facilement nous passer de souper, après le goûter délicieux que nous avions fait à la métairie de Charente.

Le lendemain, 3 juin, nous eûmes tout le tems de parcourir la ville de Rochefort. En moins de deux heures nous vîmes ce qu'elle offre de plus curieux. Ho ! la belle chose qu'une ville maritime, pour un faiseur de romans ! comme il y trouve de quoi exercer sa verve ! comme le mugissement des flots se fait entendre sous sa plume enchantée ! En un mot, rien ne manque à son tableau que la vérité, quoique ce soit l'objet principal. Pour moi qui n'ai ni le talent ni l'envie d'écrire un roman, et qui ai promis au lecteur d'être toujours véridique, je me contenterai de lui apprendre que pendant neuf jours, je me suis ennuyée à Rochefort, et que si le génie de l'homme a produit quelques merveilles, elles ne se trouvent sûrement point dans cette ville marécageuse.

CHAPITRE II.

Départ de Rochefort. — La famille Picard s'embarque sur la frégate la Méduse. — Description du voyage jusqu'au banc d'Arguin.

Le 12 juin, après le lever du soleil, nous nous mîmes en route pour aller nous embarquer dans un petit bateau destiné à nous conduire à bord de la Méduse, qui était en rade à l'île d'Aix, distante d'environ quatre lieues de Rochefort. La plaine que nous traversions était ensemencée de blé. Je voulus avant de quitter notre belle France, faire mes derniers adieux aux fleurs des champs; et tandis que notre famille s'acheminait paisiblement vers le lieu où nous devions nous embarquer sur la Charente, je parcourais les sillons, pour faire ma petite provision de bluets et de pavots. Bientôt nous arrivâmes à l'embarcation où se trouvait déjà une partie des passagers de notre expédition, et qui comme moi, semblaient jeter un dernier coup-d'œil sur le sol français que nous allions abandonner. Cependant on s'embarque et l'on s'éloigne de ces rivages fortunés. En descendant le cours tortueux de la Charente les vents contraires retardèrent tellement notre marche, que nous ne pûmes atteindre la frégate la Méduse, que le lendemain matin, c'est-à-dire, que nous mîmes près de vingt-quatre heures pour faire quatre lieues. Enfin l'on monte à bord de la Méduse de douloureuse mémoire. A notre arrivée sur cette Frégate, les logemens n'étaient pas encore préparés. Il fallut attendre, et rester *pèle-mêle* jusqu'au lendemain Notre famille qui se composait de neuf personnes, fut logée dans une chambre près de la grande batterie. Comme les vents étaient toujours contraires, nous restâmes en rade jusqu'au dix-sept.

Le dix-sept juin à quatre heures du matin, nous mîmes à la voile, ainsi que toute l'expédition du Sénégal, composée de la frégate la *Méduse*, de la flûte la *Loire*, du brik l'*Argus*, et de la corvette l'*Écho*. Les vents étant très-favorables, nous eûmes bientôt perdu de vue les vertes prairies de l'Aunis : cependant à six heures du matin l'île de Rhé paraissait encore sur l'horison ; nos yeux s'y fixèrent avec regret, comme pour saluer une dernière fois notre chère patrie. Qu'on se représente pour un moment la Frégate environnée de tous côtés par de hautes montagnes d'eau, qui tantôt nous balançaient dans les airs, tantôt nous précipitaient dans des abîmes profonds. Les vagues soulevées par une forte brise de nord-ouest, venaient se heurter avec un mugissement épouvantable contre notre navire. Je ne sais quel pressentiment du malheur qui nous menaçait, m'avait fait passer la nuit précédente dans les plus cruelles inquiétudes. Dans mon agitation j'étais montée sur le pont, et je contemplais avec une espèce d'horreur la Frégate qui volait sur les eaux. Les vents poussaient nos voiles avec une violence extrême; on entendait craquer de tous côtés, et cette grosse masse de bois semblait vouloir se fracasser à chaque coup de lame qu'elle recevait dans ses flancs. En regardant un peu au large j'apperçus sur la droite, et très près de nous, tous les autres bâtimens de notre expédition. Cette vue me rassura beaucoup; sur les dix heures du matin, les vents changent de direction. Aussitôt un cri effrayant, du moins pour les passagers qui comme moi n'y étaient point accoutumés, se fait entendre; tout l'équipage est en mouvement, les uns grimpent sur des échelles de cordes, et vont se percher sur l'extrémité des vergues ; d'autres montent au plus haut des mâts, ceux-ci *beuglent* en tirant avec force et en cadence certains cordages, ceux-là crient, jurent, sifflent, et font retentir l'air de sons barbares et inconnus. L'officier de quart, à son tour, fait sortir de ses poumons les mots : *tribord ! babord ! hisse ! lof ! amure !* fok ! auquel les timoniers répondent sur le même ton. Cependant tout ce tintamarre a produit son effet : les vergues ont tourné sur leurs pivots, les voiles sont tendues, les cordages serrés, et les malheureux mousses inexpérimentés reçoivent leur leçon en descendant sur le tillac. Alors tout redevient tranquille, excepté les vagues qui mugissent encore, et les mâts qui continuent à faire entendre leurs craquemens épouvantables. Cependant les voiles sont pleines, les vents sont moins forts, mais favorables, et le marin tout en fredonnant sa chanson, dit que nous avons une navigation superbe.

Pendant plusieurs jours nous jouîmes en effet d'une assez belle navigation. Tous les navires de l'expédition voyageaient en convoi ; mais des vents du large étant venus troubler notre marche, tous se dispersèrent. L'Echo cependant était encore en vue et persistait à vouloir nous accompagner, comme pour nous guider dans notre route. Les vents devenus plus favorables, nous cinglâmes droit au sud, faisant jusqu'à soixante-douze lieues par jour. La mer était si belle, et notre marche si rapide, que je commençais à croire qu'il était presque aussi agréable de voyager sur mer que sur terre : mais mon illusion ne dura pas long-tems.

Le 28 juin à six heures du matin, nous découvrîmes dans la partie du sud le *Pic de Ténériffe*, dont le sommet conique semblait se perdre dans les nuages. Nous en étions alors éloignés d'environ douze lieues, que nous fîmes en moins de quatre heures. Sur les dix heures, nous mîmes en panne devant la ville de Sainte-Croix-de-Ténériffe. Plusieurs officiers de la Frégate obtinrent la permission de descendre à terre, pour acheter quelques rafraîchissemens.

Tandis que ces messieurs étaient à terre, un certain passager faisant partie de la soi-disant *Société philantropique du Cap-Vert*, (1) prétendit qu'il était très-dan-

---

(1) Cette Société qui s'était donné si mal à propos l'épithète de *philantropique*, se composait d'une soixantaine d'individus de toute nation, parmi lesquels figuraient les *Hébrard*, les *Corréard*, les *Richefort*, etc. Ils avaient obtenu du gouvernement leur passage gratis et l'autorisation d'aller cultiver la presqu'île du Cap-Vert ; mais cette nouvelle colonie finit à peu-près comme celle du Champ-d'Asile.

gereux de rester dans la rade où nous étions, ajoutant qu'il connaissait beaucoup le pays, et qu'il avait navigué dans tous ces parages. M. Le Roy Lachaumareys, capitaine de frégate commandant *la Méduse*, ajoutant foi aux prétendues connaissances de l'intrigant Richefort, lui remit la conduite de la Frégate. Plusieurs officiers de marine représentèrent au capitaine qu'il était honteux de mettre sa confiance dans un inconnu, et qu'ils n'obéiraient jamais à un homme qui n'avait aucun caractère pour commander. Le capitaine méprisa ces sages représentations; et usant de son autorité, il ordonna aux pilotes et à tout l'équipage de faire ce que commanderait Richefort; disant qu'il était roi, puisque l'ordre du roi, portait qu'on eût à lui obéir. Aussitôt le pilote imposteur voulant étaler ses hautes connaissances en navigation, fit changer de route, sans autre motif que celui de faire voir qu'il savait commander les manœuvres nécesssaires pour louvoyer. A chaque instant on change de bord, on va, on vient, ou revient encore ; on s'approche des récifs comme pour les braver. Bref on nous fit tant tourner et louvoyer qu'à la fin les matelots refusant d'obéir à l'intrigant pilote, dirent hautement qu'il n'était qu'un vil imposteur. Mais c'en était fait, cet homme avait capté la confiance du capitaine Lachaumareys qui, ignorant lui-même la navigation, était sans doute bien aise d'avoir quelqu'un qui se chargeât de faire sa besogne. Mais il faut le dire enfin, il faut le dire à la face de l'Europe ; cette confiance aveugle et inepte fut la cause unique de la perte de la frégate la *Méduse*, ainsi que de toutes les horreurs et de tous les crimes qui en ont été la suite.

Sur les trois heures du soir, les officiers qui étaient allés à terre dans la matinée, revinrent à bord, chargés de légumes, de fleurs et de fruits. Ils plaisantèrent beaucoup sur les manœuvres qu'on avait faites pendant leur absence, ce qui sans doute ne plut pas au capitaine, qui se flattait déjà d'avoir rencontré dans son pilote Richefort *un bon et habile marin*: C'est sa propre expression. A quatre heures de l'après midi, on fit route dans la partie du sud. M. Richefort alors tout rayonnant de gloire d'avoir pu, comme il le disait, sauver la Méduse d'un naufrage certain, continua de donner ses pernicieux conseils au capitaine Lachaumareys, en lui persuadant qu'il avait été employé autrefois à explorer toutes les côtes de l'Afrique, et qu'il connaissait parfaitement la côte et le banc d'Arguin. Les journées des 29 et 30 n'offrirent rien de bien remarquable.

Les vents brûlans du désert de Sahara commençaient à se faire sentir, lorsqu'on nous apprit que nous approchions du tropique; et en effet, le soleil à midi paraissait suspendu perpendiculairement sur nos têtes, phénomène que beaucoup d'entre nous n'avaient jamais vu.

Le 1er juillet on reconnut le cap Bojador, et l'on vit les côtes du *Sahara*. Vers dix heures du matin on se prépara à la cérémonie frivole que les marins ont inventée, pour avoir le prétexte de rançonner les passagers qui n'ont pas encore passé le tropique. Pendant cette cérémonie, la Frégate doubla le cap Barbas en courant à sa perte. Le capitaine Lachaumareys présidait à cette espèce de Baptême avec bonhomie, tandis que son cher Richefort se promenait sur l'avant, et jetait un coup-d'œil indifférent sur une côte hérissée de dangers. Quoi qu'il en soit, tout se passa pour le mieux; on peut dire même que cette farce fut jouée assez gaiement. Mais la route que nous suivions, nous fit bientôt oublier le peu de joie que nous venions d'éprouver. Chacun reconnut alors, au changement subit qui se fit observer dans la couleur des eaux de la mer, que nous courions sur un banc, ou haut-fond. Une rumeur générale éclata parmi les passagers et officiers de marine : car ils étaient loin tous de partager la confiance aveugle du capitaine.

Le 2 juillet, à cinq heures du matin, on persuada au capitaine, qu'un gros nuage, qui se trouvait dans la direction du *Cap-Blanc*, était ce cap même. Après cette prétendue reconnaissance, on aurait dû gouverner à l'ouest pendant cinquante lieues environ pour gagner le large et doubler avec certitude le banc d'Arguin : d'ailleurs on se serait conformé aux instructions que le ministère de la marine donne aux bâtimens qui partent pour le Sénégal. Les autres bâtimens de l'expédition en suivant ces instructions arrivèrent tous heureusement à la colonie. Pendant la nuit précédente, l'Echo qui avait presque toujours accompagné la *Méduse*, fit beaucoup de signaux. On y répondit avec mépris, et il nous abandonna. Sur les dix heures du matin, on représenta encore au capitaine, le danger qui nous menaçait, et l'on insista pour que la Frégate fût dirigée vers l'ouest, si l'on ne voulait pas toucher sur le banc d'Arguin; mais tous les avis furent encore méprisés, et l'on se moqua des prédictions. L'un des officiers de la Frégate, pour avoir voulu démasquer l'intrigant Richefort, fut mis aux arrêts. Mon Père qui déjà avait fait deux fois le voyage du Sénégal, et qui comme plusieurs autres personnes, était persuadé que nous allions droit au banc d'Arguin, fit aussi ses observations au capitaine, mais plus particulièrement au pilote malencontreux. Ses avis ne furent pas mieux reçus que ceux de messieurs

Reynaud, Espiau, Maudet, etc. M. Richefort, d'un ton mielleux, lui répondit :
» *Mon cher, nous connaissons notre mé-*
» *tier, mêlez-vous du vôtre, et soyez tran-*
» *quille; j'ai déjà passé deux fois sur le*
» *banc d'Arguin; j'ai voyagé sur la mer*
» *Rouge, et vous voyez que je ne me suis*
» *pas encore perdu* ». Que répondre à une pareille fanfaronnade? Mon père voyant donc qu'il était impossible de faire changer notre route, résolut d'attendre que la providence nous eût tirés du danger, il descendit aussitôt dans notre chambre, et chercha à dissiper ses craintes dans les douceurs du sommeil.

CHAPITRE III.

La frégate la Méduse échoue sur le banc d'Arguin. — Description de ce naufrage. — On construit un Radeau. — On jure de ne point abandonner ceux qui voudront s'y embarquer.

Le 2 juillet, à midi, l'on prit hauteur. M. Maudet, enseigne de quart, assura que nous étions sur le bord du banc d'Arguin. Le conseiller du capitaine lui dit qu'il répondait de tout, et qu'il n'y avait pas lieu de s'alarmer. Cependant les vents soufflaient toujours avec force, et nous poussaient de plus en plus sur l'écueil qui nous menaçait. Une espèce de stupeur s'empara alors de tous les esprits, et chacun garda un morne silence, quoi

CARTE DU VOYAGE
des Naufragés de la Méduse
à travers les Déserts
DE BARBARIE.

Désert de Barbarie
ou de Sahara.

Pays des Maures

Océan occidental.

Océan occidental.

Pays des Maures

Fleuve du Sénégal

Pays des Nègres Wolofs

Continent du Sénégal, ou Sénégambie

qu'on fût persuadé que nous devions toucher bientôt sur le banc. La couleur de l'eau était entièrement changée, ce qui fut remarqué même par les dames. Sur les trois heures de l'après midi, étant par 19° 30' latitude nord, et 19° 45' longitude ouest, un cri général se fait entendre sur le pont. Chacun prétend voir rouler du sable au milieu des petites vagues qui s'élevaient. A l'instant M. le capitaine monte sur le tillac, et ordonne de sonder. La sonde donne dix-huit brasses; puis jetée une seconde fois, elle ne donne plus que six brasses. Le capitaine reconnaissant enfin son erreur, n'hésite plus à faire changer de route; mais il n'était plus temps. Une forte secousse nous avertit que la Frégate a touché. La terreur et la consternation se répandent aussitôt sur tous les visages. L'équipage reste immobile, les passagers sont atterrés. Au milieu de cette consternation générale, des cris de vengeance se font entendre. On veut jeter à la mer le principal auteur de notre perte; mais des hommes généreux s'y opposent; et en nous faisant espérer notre salut, ils tâchent de calmer l'irritation des esprits. La confusion était déjà si grande que M. Poinsignon, commandant la troupe, donne un vigoureux soufflet à ma sœur Caroline, croyant sans doute frapper un de ses soldats. Mon père était alors enseveli dans un profond sommeil, mais il ne tarde pas à s'éveiller. Les cris et le tumulte qu'il entend sur le pont, lui font pressentir notre malheur. Il y monte aussitôt, et adresse mille reproches à celui dont l'ignorance et la forfanterie nous étaient si funestes. On s'occupe cependant des moyens de nous tirer du danger. Les officiers, d'une voix altérée, donnent leurs ordres; on croit voir à tout moment le bâtiment s'entrouvrir; on travaille à le soulager. La mer est très-grosse, et le courant très-fort; mais on perd beaucoup de tems à ne rien faire. On ne prend que des demi-mesures, et toutes malheureusement sont inutiles.

Lorsqu'on voit que la perte de la *Méduse* n'est que trop certaine, plusieurs personnes proposent de faire transporter la troupe à l'île d'Arguin qu'on suppose peu éloignée du lieu où nous sommes échoués. D'autres sont d'avis qu'on transporte successivement, par le secours de nos embarcations, tout le monde à la côte du désert de Sahara, et des vivres en quantité suffisante pour former une caravane et gagner l'île Saint-Louis du Sénégal. Les événemens qui eurent lieu dans la suite, prouvèrent que ce plan était perfaitement conçu et qu'il eût été couronné de succès : malheureusement il ne fut pas exécuté. M. Schmaltz, gouverneur, opina pour qu'on fît un radeau assez grand pour porter deux cents hommes, et des vivres. Comme les deux chefs suprêmes de la Frégate soutenaient ce dernier plan, on fut forcé d'y accéder.

On commença donc par construire le fatal Radeau qui devait, disait-on, porter les vivres pour tout le monde. Les mâts, des bordages, des planches, des cordages, etc, furent jetés à la mer. Deux officiers furent chargés de faire assembler toutes ces pièces : des barriques vides furent ensuite placées aux quatre angles de l'édifice, et l'on eut bien soin de faire dire par les ingénieurs de ce plancher flottant, que les passagers y seraient en toute sûreté, et même plus à leur aise que dans les embarcations. Cependant comme on avait oublié à dessein d'y adopter des garde-fous, tout le monde jugea et avec raison que ceux qui en avaient donné le plan ne voulaient pas s'y embarquer.

Lorsque le Radeau fut achevé, les deux chefs de la Frégate promirent publiquement que toutes les embarcations le remorqueraient jusqu'à la côte du désert, et que là, munis de provisions et d'armes à feu, on formerait une caravane pour se rendre tous ensemble au Sénégal. Pourquoi ce plan ne fut-il pas exécuté ? Pourquoi des promesses jurées devant le pavillon français furent-elles vaines ?..... mais il faut tirer un voile sur le passé ; je dirai seulement que si l'on eût été de bonne foi, tout le monde se fût sauvé; et que malgré l'égoïsme dégoûtant de certains personnages, l'humanité n'aurait pas eu à déplorer les scènes d'horreur qui ont eu lieu à la suite du naufrage de la *Méduse.*

Le 3 juillet, on renouvela les efforts pour dégager la Frégate, mais on ne put y réussir; on s'occupa donc des préparatifs pour la quitter. La mer devint très-houleuse, et les vents soufflaient avec plus d'impétuosité. On entendit alors de toutes parts les cris plaintifs et confus d'une multitude composée de plus de quatre cents personnes, qui ne voyant que la mort devant les yeux, se lamentaient en poussant des gémissemens épouvantables. Le 4, on eut quelque espoir. A l'heure de la marée montante, la Frégate qui était un peu allégée par tout ce qu'on avait jeté à la mer, se trouva presque à flot; et il est très certain, que si ce jour même, on eût jeté toute l'artillerie à l'eau, la Méduse eût pu être sauvée; mais M. Lachaumareys dit qu'il ne pouvait pas sacrifier ainsi les canons du roi (comme si la Frégate n'eût pas aussi appartenu au roi). Cependant la mer baissa, et la *Méduse* s'enfonça dans le sable plus que jamais, ce qui fit renoncer aux travaux sur lesquels se fondait un dernier rayon d'espoir.

A l'approche de la nuit, la fureur des

vents redoubla, et la mer devint très-grosse. La Frégate donnant alors de grandes secousses, l'eau entra dans la cale d'une manière effrayante. Les pompes ne pouvaient plus jouer. Plus d'espoir que celui de s'abandonner à de frêles embarcations qu'une seule lame pouvait engloutir. Mais des gouffres affreux nous environnaient; des montagnes d'eau montraient leur sommet liquide dans le lointain. Comment franchir tant d'obstacles? D'ailleurs où aller? quelle terre hospitalière devait nous recevoir sur sa plage? Ce fut alors que toutes mes idées se reportèrent sur notre belle patrie. Je ne regrettais pas Paris, mais je me serais estimée fort heureuse, d'être encore dans les bourbiers de la route de Rochefort. Puis sortant tout-à-coup de mes rêveries, je m'écriai : » O terrible position! cette
» mer noire et sans bornes ressemble à
» la nuit éternelle qui doit nous englou-

» tir. Tous les êtres qui m'entourent,
» paraissent encore paisibles ; mais à ce
» calme funeste succéderont bientôt les
» plus affreux tourmens ! insensés, qu'al-
» lions-nous chercher au Sénégal, pour
» nous confier ainsi au plus perfide des
» élémens ! La France ne nous offrait-
» elle pas tout ce qui était nécessaire à
» notre bonheur ? Heureux ! oui mille
» fois heureux celui qui jamais ne porta
» ses pas sur une terre étrangère ! grand
» Dieu ! secourez tous ces infortunés,
» sauvez notre malheureuse famille !

Cependant mon père s'apperçut de mon trouble ; mais comment me consoler ? Quelle expression pourra calmer mes craintes et me rassurer sur les dangers auxquels nous sommes exposés ? Comment enfin prendre un air serein, quand des amis, des parens, une sœur, des frères, un père, une mère, touchent très-vraisemblablement au terme fatal? Hélas! mes craintes n'étaient que trop fondées. Car bientôt j'appris que, quoi que nous fussions les seules dames qui, après mesdames Schmaltz, faisions partie de l'état-major, on avait eu la barbarie, et poussé l'inconvenance jusqu'à désigner notre famille pour être embarquée sur le radeau, où devaient se trouver seulement des soldats, des matelots, des colons du Cap-Vert, et quelques généreux officiers qui n'avaient pas l'honneur (si toutefois c'en était un) d'être comptés parmi les ignares confidens de MM. Schmaltz et Lachaumareys. Mon père indigné d'un procédé aussi peu délicat, jura que nous ne nous embarquerions point sur le Radeau, et que si l'on ne nous jugeait pas dignes d'avoir une place dans l'une des six embarcations, il resterait lui, sa femme et ses enfans, à bord des débris de la Frégate. Le ton avec lequel il prononça ces paroles, fut celui d'un homme prêt à venger l'outrage qu'on veut faire à sa famille. Le gouverneur du Sénégal, craignant sans doute qu'un jour la société entière ne lui reprochât son inhumanité, décida cependant que nous pourrions prendre place dans l'un des canots. Cela m'ayant un peu rassurée sur notre malheureuse situation, je voulus prendre quelque repos; mais le tumulte que faisait tout l'équipage, ne me le permit point.

Vers minuit, un passager vint demander à mon père si nous nous disposions à partir; mon père répondit que nous n'avions pas encore été prévenus du départ. Cependant, nous fûmes bientôt convaincus qu'une grande partie de l'équipage, et plusieurs passagers se préparaient à s'embarquer secrètement dans les canots. Une conduite aussi déloyale ne pouvait manquer de nous beaucoup alarmer, surtout lorsque nous eûmes appris que parmi ceux qui étaient si empressés de s'embarquer à notre insçu, il s'en trouvait plusieurs qui, la veille, avaient promis de ne point partir sans nous.

M. Schmaltz prévenu de ce qui se passait sur le pont y monta aussitôt, pour tâcher de calmer les esprits; mais les soldats déjà rangés en bataille, firent si peu de cas du discours de leur chef, qu'ils jurèrent tous de faire feu sur quiconque voudrait se sauver en secret. La fermeté de ces braves produisit l'effet que nous pouvions désirer; tout rentra dans l'ordre. Le gouverneur retourna dans sa chambre, et ceux qui voulaient partir furtivement furent confus et couverts de honte. Cependant le gouverneur était fort agité; et comme il venait d'entendre très-intelligiblement certaines paroles énergiques qu'on lui avait adressées, il jugea à propos d'assembler le conseil. Tous les officiers et passagers de l'état major s'y rendirent; et là, M. Schmaltz jura solennellement de ne point abandonner ceux qui voudraient s'embarquer sur le Radeau, et promit une seconde fois, que toutes les embarcations le remorqueraient jusqu'à la côte du désert, où tout le monde devait se réunir en caravane. J'avoue que cette conduite du gouverneur rassura beaucoup toutes les personnes de notre famille : car nous ne pouvions pas supposer, qu'il voulût nous tromper, en agissant d'une manière contraire à ses promesses.

CHAPITRE IV.

Le gouvernail de la Méduse est brisé par les vagues. — On se décide à abandonner les débris de cette Frégate. — Les militaires sont embarqués sur le Radeau. — La plupart des chefs se placent dans les Canots. — La famille Picard est abandonnée sur la Méduse. — Procédé que M. Picard emploie pour faire recevoir sa famille à bord d'un Canot.

Quelques heures après la séance du conseil, c'est-à-dire, sur les trois heures du matin, un bruit effroyable se fit entendre dans la sainte-barbe ; c'était la barre du gouvernail qui se brisait. Tous ceux qui dormaient en furent éveillés. On se hâta de monter sur le pont; bientôt chacun fut convaincu, plus que jamais, que la Frégate était perdue sans ressource. Hélas ! ce naufrage n'était pour notre malheureuse famille, que le commencement d'une affreuse suite d'infortunes. Les deux chefs alors décidèrent d'un commun accord, que tout le monde s'embarquerait à six heures du matin, et qu'on abandonnerait la Frégate à la fureur des flots. A cette décision succéda la scène la plus bizarre et en même tems la plus triste qu'on puisse imaginer. Pour s'en faire une idée, que le lecteur se transporte en imagination au milieu des plaines liquides de l'Océan : là qu'il se représente une multitude d'hommes de toutes les classes, de tous les âges, balancés au gré des flots sur un vaisseau démâté, brisé, et à demi-submergé ; qu'il n'oublie pas surtout que ces êtres pensans sont presque certains de toucher au terme de leur existence.

Séparée du reste du monde par une

mer immense, et n'ayant pour toute demeure que les débris d'un vaisseau échoué, cette multitude adresse d'abord ses vœux au ciel, et oublie, pour un instant, les choses terrestres; mais de nouveaux souvenirs se réveillent bientôt : chaque individu, sortant de son état léthargique, pense à ses richesses, aux marchandises qu'il a en pacotille, et oublie les élémens qui le menacent. L'avare, pensant à l'or que contient son coffre, se hâte de le mettre en sûreté, soit en le cousant dans la doublure de ses habits, soit en s'en formant une large ceinture; celui-ci flibustier de profession, s'arrache les cheveux de ne pouvoir sauver une caisse de contrebande qu'il avait embarquée secrètement, et sur laquelle il espérait gagner deux ou trois cents pour cent. Un autre, égoïste à l'excès. jette son couvert d'argent à la mer, et s'amuse à faire brûler tous les effets qui lui appartiennent; cet officier généreux ouvre son porte-manteau, et offre des bonnets, des bas, des chemises à tous ceux qui en veulent; ceux-ci avaient déjà réuni leurs meilleurs effets, lorsqu'on leur apprend qu'ils ne pourront rien emporter; ceux-là parcourent les chambres, les soutes, pour en sortir les objets les plus précieux. Les mousses découvrent les vins délicats, les liqueurs fines qu'une sage prévoyance avait mises en réserve. Les soldats et les matelots pénétrent jusqu'au magasin au vin, ils en sortent plusieurs pièces, ils les défoncent, et boivent jusqu'à ce qu'ils succombent sous les vapeurs de Bacchus. Bientôt le tumulte des hommes ivres fait oublier les mugissemens de la mer qui menace de nous engloutir dans ses profonds abîmes. Enfin le désordre est à son comble; le soldat gorgé de vin n'entend plus la voix de son capitaine : celui-ci fronce le sourcil et jure entre ses dents, mais il n'ose frapper celui que le vin a rendu furieux. Des cris perçans mêlés à des gémissemens lugubres se font entendre : c'est le signal du départ.

Le 5, à six heures du matin, on fit embarquer une grande partie des militaires sur le Radeau qu'une large nappe d'écume couvrait déjà. On défendit expressément aux soldats de prendre leurs armes. Un jeune officier d'infanterie dont le cerveau paraissait fortement affecté, se mit à cheval sur les bastingages de la Frégate; et là, armé de deux pistolets, il menaçait de tirer sur quiconque hésiterait à descendre sur le Radeau. A peine quarante hommes y furent descendus, qu'il s'enfonça au moins de deux pieds dans l'eau. Pour faciliter l'embarquement d'un plus grand nombre de personnes, on fut obligé de jeter à la mer plusieurs barriques de provisions qu'on y avait placées la veille. Ce fut ainsi que cet officier furieux parvint à faire entasser près de cent cinquante personnes sur ce tombeau flottant; mais ne jugeant pas à propos d'y en ajouter une de plus, en y descendant lui-même, comme il l'aurait dû, il alla paisiblement se placer dans l'une des meilleures embarcations. Il devait y avoir soixante matelots sur le Radeau; à peine y en mit-on dix. On avait fait le 4 une liste d'embarquement, et assigné à chacun la place qu'il devait occuper; mais on n'eut aucun égard à cette sage disposition, et chacun chercha les moyens qu'il crut les plus favorables pour pouvoir se sauver. La précipitation avec laquelle on força cent quarante-huit malheureux à descendre sur le Radeau, fit qu'on omit de leur donner un seul morceau de biscuit. Néanmoins on leur en jeta environ vingt-cinq livres dans un sac, lorsqu'ils s'éloignèrent de la Frégate; mais il tomba à la mer, et ce ne fut qu'avec beaucoup de peine qu'on parvint à l'en tirer.

Pendant ce désastre, M. le gouverneur du Sénégal qui n'était occupé que du soin de se sauver, se faisait descendre mollement dans un fauteuil, d'où il arriva par une *ascension inverse* au grand Canot, où se trouvaient déjà plusieurs grandes caisses, toutes sortes de provisions, ses plus chers amis, sa fille et son épouse. Ensuite le Canot du capitaine reçut vingt-sept personnes dont vingt-cinq matelots bons rameurs. La Chaloupe qui était commandée par M. Espiau, enseigne de vaisseau, prit quarante-cinq passagers et gagna le large; le Canot, dit du Sénégal, en prit vingt-cinq; le Canot-Major trente-trois, et la Yôle, qui était la plus petite des embarcations, n'en prit que dix.

Déjà presque tous les officiers, les passagers, employés et marins étaient embarqués, que toute notre famille éplorée attendait encore sur les débris de la Frégate, que quelques âmes charitables voulussent bien nous recevoir dans une embarcation. Surprise de cet abandon, je me sentis tout-à-coup élevée au dessus de moi-même, et j'appelai de toutes mes forces les chefs des Canots qui nous abandonnaient, en les suppliant de recevoir notre malheureuse famille à bord de leur embarcation. Un instant après, le grand Canot, où se trouvait le gouverneur du Sénégal et toute sa famille, s'approcha de la *Méduse*, comme pour y prendre encore quelques passagers; car il était très-peu chargé de monde. Je manifestai alors le désir d'y descendre, espérant que mesdames Schmaltz, qui jusqu'à ce jour avaient paru s'intéresser beaucoup à notre famille, nous accorderaient une place dans leur Canot; mais je m'étais trompée : ces Dames, qui s'étaient embarquées dans le plus grand *incognito*, nous avaient déjà oubliés; et M. Lachaumareys, qui était encore sur la Frégate, me dit positivement qu'elles ne voulaient pas *s'embarrasser* de notre famille. Je dois dire néanmoins qu'on nous apprit enfin que l'officier, qui commandait le *Canot-Major*, avait reçu l'ordre de nous y recevoir; mais comme il était déjà très-éloigné de la Frégate, nous eûmes la certitude qu'on nous avait abandonnés. Mon père héla le commandant de cette embarcation; mais il continua sa route, en prenant le large. Un moment après, nous aperçûmes dans les vagues une petite nacelle qui paraissait vouloir revenir auprès de la *Méduse*; c'était la Yôle. Lorsqu'elle fut arrivée près de nous, mon père supplia les matelots qui la conduisaient, de nous recevoir à leur bord, et de nous conduire au *Canot-Major*, où notre famille devait être placée. Ils s'y refusèrent. Mon père, armé d'un fusil qu'il trouva par hasard sur le pont de la *Méduse*, fut forcé d'employer les menaces, et jura d'immoler quiconque s'opposerait à notre embarquement dans la Yôle, ajoutant que c'était une propriété du roi, et qu'il devait en profiter comme un autre. Les matelots murmurant n'osèrent cependant résister plus long-tems, et reçurent dans leur Canot toute notre famille qui se composait de neuf personnes; savoir : quatre petits enfans, notre belle-mère, ma cousine, ma sœur Caroline, mon père et moi. Une petite boîte remplie de papiers précieux que nous voulions sauver, quelques hardes, deux bouteilles de ratafia que nous avions envie de conserver pour notre traversée, furent saisies et jetées à la mer par les matelots de la Yôle, qui nous dirent que nous trouverions au *Canot-Major* tout ce dont nous aurions besoin pour le voyage. Nous n'emportâmes donc que les habits qui nous couvraient, encore n'avions-nous pas eu l'idée de mettre deux robes. Néanmoins, la perte qui nous affecta le plus, fut celle de plusieurs manuscrits auxquels mon père travaillait depuis long-tems. Nos malles, notre linge, et plusieurs caisses de marchandises d'un grand prix, enfin tout ce que nous possédions fut abandonné sur la *Méduse.* Lorsque nous abordâmes le *Canot Major*, l'officier de marine qui le commandait se répandit en excuses de ce qu'il était parti sans nous prévenir, comme il en avait eu l'ordre, et nous dit mille choses honnêtes pour se justifier. Mais sans croire à toutes ses belles protestations, nous nous trouvâmes fort heureux d'avoir pu le rejoindre : car il est certain que l'on n'avait pas envie de *s'embarrasser* de notre malheureuse famille. Je dis embarrasser, parce qu'il faut convenir que quatre petits enfans dont l'un encore à la mamelle, étaient des créatures bien indifférentes pour des gens qu'un égoïsme sans exemple faisait mouvoir. Quand toute notre famille fut placée dans le *Canot-Major,* mon père congédia les matelots de la Yôle qui venaient de nous y débarquer, et leur jura une reconnaissance éternelle. Ils s'éloignèrent promptement, mais peu satisfaits de la bonne action qu'ils venaient de faire. Mon père, qui s'était aperçu de leurs murmures et des injures qu'ils nous adressaient en s'éloignant, dit alors assez haut pour que toutes les personnes de notre Canot l'entendissent : « Nous ne sommes » pas surpris que des matelots soient sans » pudeur, quand leurs officiers rougissent » d'être forcés de faire une bonne action. » L'officier qui commandait le Canot feignit de n'avoir point compris les reproches que ces paroles renfermaient ; et pour faire oublier ses torts envers nous, il essaya de contrefaire l'homme galant.

CHAPITRE V.

Départ des embarcations. — Elles paraissent vouloir remorquer le Radeau. — Conduite généreuse d'un officier de marine. — Abandon du Radeau. — Désespoir des malheureux qu'on abandonne à la fureur des flots. — Reproches de M. Picard aux auteurs de l'abandon du Radeau. — Description du petit convoi que forment les embarcations. — Sort affreux et fin déplorable de la majeure partie des individus du Radeau.

Toutes les embarcations étaient déjà assez éloignées de la *Méduse*, lorsqu'elles se réunirent pour former la chaîne qui devait remorquer le Radeau. Le grand Canot où se trouvait M. le gouverneur du Sénégal, ayant donné la première remorque, toutes les autres embarcations s'amârèrent successivement à ce Canot. M. Lachaumareys venait de s'embarquer, quoiqu'il restât encore sur la *Méduse*, plus de soixante personnes. Alors le brave et généreux M. Espiau, commandant La Chaloupe, quitta la chaîne des embarcations et retourna à bord de la Frégate, dans l'intention de sauver tous les malheureux qu'on y avait abandonnés. Tous se précipitèrent dans cette Chaloupe ; mais comme elle était extrêmement surchargée, dix-sept de ces malheureux préférèrent rester à bord de la Frégate, plutôt que de s'exposer, ainsi que leurs compagnons, à une mort certaine ; mais ils furent, hélas ! presque tous victimes de leur crainte ou de leur dévoûment. Cinquante-deux jours après l'abandon de ces naufragés, on n'en trouva plus que trois sur les débris de la

Méduse; et encore ce n'était plus des hommes, mais des squelettes. Ils racontèrent que leurs misérables compagnons s'étaient embarqués sur des planches et sur des cages à poulets, après avoir inutilement attendu pendant quarante-deux jours les secours qu'on leur avait promis ; mais tous furent engloutis dans les flots. (1)

La Chaloupe, ne pouvant transporter qu'avec peine tous les malheureux qu'elle venait de sauver de la *Méduse*, rejoignit péniblement la chaîne des embarcations

---

(1) Deux des trois malheureux qui furent sauvés des débris de la *Méduse*, moururent peu de jours après leur arrivée dans la colonie ; et le troisième qui affectait de savoir beaucoup de particularités relatives à l'abandon de la *Méduse*, fut assassiné dans son lit, au Sénégal, dans le temps où il se disposait à partir pour la France. L'autorité ne put découvrir l'assassin, qui se garda bien de voler sa victime après l'avoir immolée.

qui remorquait le Radeau. M. Espiau qui la commandait pria instamment les chefs des autres Canots, de lui prendre quelques passagers ; mais tous s'y refusèrent, objectant au généreux officier, qu'il devait les garder à son bord, puisqu'il avait voulu les aller chercher. M. Espiau voyant qu'il lui était impossible de les garder tous dans la Chaloupe, sans s'exposer aux plus grands périls, gouverna droit sur un Canot que je ne veux pas nommer. Aussitôt un homme sort de la Chaloupe et s'élance à la mer, pour tâcher de gagner à la nage ce Canot; il s'y accroche pour y entrer, lorsqu'un officier qui jouissait d'une grande influence, lui présente la pointe de son sabre, et le repousse dans les flots, avec menaces de lui couper les mains, s'il essayait de nouveau de monter dans ce Canot. Ce malheureux regagne alors la Chaloupe, qui suivait de très-près le *Canot-Major* où nous étions. Plusieurs amis de mon père qui se trouvaient dans cette Chaloupe, supplièrent M. Lapérère qui commandait notre Canot, de le recevoir à son bord. Déjà mon père lui tendait les bras, quand, tout-à-coup, M. Lapérère fait larguer la remorque qui nous attachait aux autres embarcations, et nous gagnâmes le large à force de rames. Au même instant, chaque Canot imita notre exécrable manœuvre; et voulant fuir l'approche de la Chaloupe qui demandait des secours, tous se débarrassèrent du Radeau, abandonnant au milieu de l'Océan et à la fureur des vagues, les malheureux qu'on s'était engagé sous serment, de mener jusqu'à la côte du désert.

À peine ces lâches avaient-ils violé leur serment, que nous vîmes flotter sur le Radeau le pavillon français. La confiance de ces malheureux était si grande, que quand ils virent s'éloigner le Canot qui leur donnait la première remorque, ils se mirent tous à crier : la remorque est cassée ! la remorque est cassée ! Mais comme l'on ne fit aucun cas de leur observation, ils reconnurent bientôt la fourberie des traîtres qui les avaient trompés si lâchement. Alors les cris de *vive le Roi* se firent entendre du côté du Radeau, comme si ces malheureux eussent voulu appeler leur père à leur secours, ou comme s'ils eussent été persuadés qu'à ce signal de ralliement, les chefs des embarcations se rappelleraient enfin qu'ils abandonnaient des compatriotes. Tout en fuyant le Radeau, les chefs répétèrent, sans doute comme pour insulter au malheur, les cris de *vive le Roi*, mais plus particulièrement M. Lachaumereys, qui paraissait affecter une gaieté martiale, en agitant en l'air son chapeau galonné. Hélas ! à quoi servirent ces fausses démonstrations ? des Français menacés du plus grand péril, demandent des secours aux cris de *vive le Roi*; leurs chefs leur répondent par les mêmes cris de *vive le Roi*; cependant aucun d'eux n'est assez généreux ni assez français pour aller rejoindre les malheureux qui imploraient leurs secours. Après un silence de quelques minutes, des cris épouvantables se firent entendre; l'air retentit des gémissemens, des plaintes, des imprécations des malheureux qu'on abondonnait; et l'écho de la mer répéta plusieurs fois : *Hélas ! Cruels vous nous abandonnez !!!* Déjà le Radeau paraissait enseveli sous les ondes, et ces infortunés passagers étaient à demi-submergés. La fatale machine était entraînée par les courans, bien loin derrière les débris de la Frégate. Point de cable, point d'ancre, point de mât, point de voile, point de rames, en un mot, pas le moindre moyen de pouvoir se sauver. Chaque lame qui s'engageait dans les bois du Radeau, faisait perdre l'équilibre aux malheureux qu'on y avait entassés ; leurs pieds embarrassés dans les cordages et les bois, leur ôtaient jusqu'à la faculté de se mouvoir ; desorte que ces infortunés, suspendus, balancés sur les gouffres qui devaient les engloutir, furent bientôt torturés entre les pièces de bois qui formaient l'échafaud sur lequel ils flottaient. Les parties osseuses de leurs pieds, de leurs jambes s'applatissaient, ou se brisaient, chaque fois que la rage des flots soulevait le Radeau ; leurs chairs couvertes de contusions et de larges plaies, se dissolvaient pour ainsi-dire dans l'onde amère, tandisque les flots mugissans se coloraient de leur sang.

Comme le Radeau, lorsqu'on l'abandonna, était déjà à près de deux lieues de la Frégate, il fut impossible à ces malheureux d'y retourner ; aussi furent-ils bientôt entraînés au large. Toutes ces victimes parurent encore debout sur leur tombeau flottant; et tendant leurs mains suppliantes vers les embarcations qui fuyaient, elles semblaient invoquer pour la dernière fois, les noms des lâches qui les avaient trompés. O jour affreux ! jour de honte et d'opprobre ! Hélas ! les cœurs de ceux qui, seuls pouvaient sauver tant de malheureux, furent inaccessibles la pitié !

Témoin de cette scène plus que barbare, et voyant qu'on était insensible aux cris et aux lamentations de tant de malheureux, je sentis mon cœur se déchirer de douleur. Il me sembla que les vagues venaient d'engloutir tous ces infortunés, et je ne pus retenir mes larmes. Mon Père exaspéré à l'excès, bouillonnant de colère de voir tant de lâcheté et d'inhumanité dans les chefs des Canots, commença à regretter de n'avoir point accepté la place qu'on nous avait destinée sur le fatal

Radeau. » Au moins, disait-il, ou nous
» serions morts avec les braves, ou
» nous serions retournés sur les débris
» de la *Méduse ;* mais nous n'aurions
» pas eu la honte de nous sauver avec
» des lâches ». Quoiqu'ayant produit
peu d'effet sur l'officier qui commandait
notre Canot, ce discours nous fut très
funeste dans la suite : car à notre arrivée au Sénégal, on le rapporta au gouverneur ; et très-vraisemblablement ce fut
la cause principale de tous les maux et de
toutes les vexations que nous avons endurés dans la colonie.

Fixons maintenant nos regards sur la
position respective de tous les malheureux naufragés, tant de ceux laissés à
bord de la *Méduse*, que de ceux qui se
sont sauvés sur les différentes embarcations.

Nous savons déjà que la Frégate abandonnée à demi-submergée, n'offre plus qu'un ponton et des débris. Cependant, dix-sept infortunés s'y trouvent encore ; mais ils possèdent des vivres qui quoiqu'avariés, pourront les aider à se soutenir pendant quelque temps, tandisque le Radeau abandonné, vogue au gré des flots sur les vastes plaines de l'Océan. Cent quarant-huit malheureux y ont été embarqués ; ils sont enfoncés dans l'eau au moins de trois pieds sur l'avant du Radeau, et ceux qui se trouvent sur l'arrière, en ont jusqu'à la ceinture. Les vivres qu'ils possèdent seront bientôt consommés ou altérés par l'eau salée qui les submerge ; peut-être même, que les vagues les entraîneront avec elles, et qu'ils serviront de pâture aux monstres marins. Quoique très-peu chargées de monde, des embarcations sorties de la *Méduse*, deux seulement sont approvisionnées de tout ce qui leur est nécessaire ; aussi voguent-elles avec assurance et rapidité ; mais la condition de ceux qui se trouvent dans la Chaloupe, n'est guère meilleure que celle des infortunés du Radeau ; leur grand nombre, la disette des vivres, l'éloignement de la terre ferme leur fait entrevoir le plus triste avenir. Leur digne commandant M. Espiau, n'a d'autre espoir que celui de se jeter dans les déserts le plus promptement possible. Les autres embarcations sont moins chargées de monde que la Chaloupe, mais elles n'ont des vivres qu'en très-petite quantité ; et même comme par une espèce de fatalité, le *Canot-Major* où se trouve notre famille, est dépourvu de tout. Ses provisions ne consistent qu'en un baril de biscuit et un tierçon d'eau ; pour surcroit de malheur, le biscuit ayant été détrempé par l'eau de mer, il est presqu'impossible d'en avaler la moindre parcelle. Chaque passager de notre Canot, devait donc être réduit à soutenir sa douloureuse existence avec un verre d'eau qu'il pouvait obtenir chaque jour. De dire comment il se fit, que cette embarcation était ainsi dépourvue de vivres, tandis qu'on en avait beaucoup laissé sur la *Méduse*, c'est ce qui m'est impossible. Mais il est du moins certain que la plupart des officiers qui commandaient les embarcations, *la Chaloupe*, *le Canot-Major*, *le Canot du Sénégal* et *la Yôle*, étaient persuadés qu'en quittant la Frégate, on n'abandonnerait point le Radeau; que toute l'expédition voyagerait en convoi jusqu'à la côte de Sahara; que de là, on pourrait encore envoyer les Canots vers les débris de la *Méduse*, pour y prendre des vivres, des armes, et les malheureux qu'on y avait abandonnés; mais il paraît que les chefs en avaient décidé autrement.

Après l'abandon du Radeau, quoique

séparées, toutes les embarcations formaient un petit convoi en suivant la même route. Tous ceux qui avaient été de bonne foi, espéraient arriver le même jour à la côte du désert, et que là tout le monde descendrait sur la plage ; mais, MM. Schmaltz et Lachaumareys donnèrent l'ordre de faire route pour le Sénégal. Ce changement subit de résolution de la part des chefs, fut comme un coup de foudre pour tous les officiers qui commandaient les embarcations. N'ayant à notre bord que ce qui était strictement nécessaire pour ne point succomber à la chaleur du jour, nous fûmes tous sensiblement affectés. Les autres embarcations, qui comme la nôtre, espéraient qu'on descendrait à la première terre, étaient un peu mieux approvisionnées que nous ; du moins elles avaient un peu de vin, ce qui pouvait suppléer aux autres provisions qui leur manquaient.

Nous leur en demandâmes, en leur exposant l'état où nous nous trouvions, mais personne ne voulut nous en donner, pas même le capitaine Lachaumareys, qui, buvant à une *dame-jeanne* soutenue par deux matelots, nous jura qu'il n'en avait pas une seule goutte sur son Canot. Nous voulûmes ensuite nous adresser au Canot du Gouverneur du Sénégal, où nous présumions bien qu'il se trouvait quantité de provisions de toute espèce, tels qu'oranges, biscuits, gâteaux, dragées, pruneaux, et même les plus fines liqueurs ; mais mon père s'y opposa, tant il était persuadé que nous ne pourrions rien obtenir.

Disons maintenant quel fut le sort des malheureux du Radeau, lorsque les Canots les eurent abandonnés à eux-mêmes.

Si toutes les embarcations eussent continuellement agi sur le Radeau, favorisés comme nous l'étions par les vents du large, nous eussions pu le conduire à la côte en moins de deux jours; Mais une fatalité inconcevable fit renoncer au plan généreux qu'on avait formé.

Dès que le Radeau eut perdu de vue les embarcations, un esprit de sédition se manifesta par des cris de fureur.

On commença dès lors à se regarder d'un air farouche, comme prêts à s'entre-dévorer, et à se repaître chacun de la chair de son semblable. Quelques-uns avaient déjà parlé d'en venir à cette funeste extrémité et de commencer par les plus gras et les plus jeunes. Une proposition aussi atroce, remplit d'horreur le brave capitaine Dupont, et son digne lieutenant M. L'heureux. Mais le courage qu'ils avaient tant de fois montré aux champs de la gloire, était abattu. Dans le nombre des malheureux qui succombèrent d'abord sous la hache des assassins du Radeau, se trouvait une jeune femme qui avait vu dévorer les membres de son mari ; quand son tour fut venu, elle ne demanda pour toute grâce qu'un peu de vin, et se laissa jeter à la mer sans proférer un seul mot. Le capitaine Dupont, proscrit du Radeau pour avoir refusé de toucher aux viandes sacriléges dont les monstres se rassasiaient, fut sauvé comme par miracle, des mains de ses bourreaux : à peine le saisit-on pour lui faire subir son malheureux sort, qu'une grande perche qui servait de mât, lui tombe sur le corps ; on croit qu'il a les deux cuisses cassées, et l'on se contente de le jeter à la mer. Le malheureux capitaine plonge, disparaît, et on le croit déjà dans l'autre monde.

Cependant, la Providence a redonné des forces à cet infortuné guerrier : il reparaît sous les bois du Radeau, il s'y attache de toutes ses forces, et sortant la tête hors de l'eau, il la loge entre deux énormes pièces de bois, pendant que le reste de son corps est caché dans la mer. Au bout de plus de six heures de souffrances, le capitaine Dupont, adresse à voix basse quelques mots à son lieutenant, qui par hazard se trouvait très proche de l'endroit où il s'était caché. Le brave L'heureux, les yeux baignés de larmes, croit entendre et voir l'ombre de son capitaine; tremblant, il veut s'éloigner de ce lieu plein d'horreur ; mais, ô prodige ! il voit une tête qui semble pousser un dernier soupir. Il la reconnaît, il l'embrasse, hélas ! c'est son meilleur ami ! Dupont est aussitôt sorti de l'eau, et M. L'heureux obtient que son malheureux camarade reprenne place sur le Radeau. Ceux qui avaient été les plus acharnés contre M. Dupont, touchés de ce que la Providence l'avait sauvé d'une manière si miraculeuse, décidèrent d'un commun accord de le laisser entièrement libre sur le Radeau.

Les soixante malheureux qui échappèrent aux premiers massacres du Radeau, se virent bientôt réduits à cinquante, puis à quarante, ensuite à vingt-huit. Le moindre murmure ou la plus faible plainte, au moment de la distribution des vivres, était un crime qu'on punissait aussitôt de mort. D'après un semblable *Code*, on devinera aisément que le Radeau fut bientôt allégé ; cependant le vin diminuait sensiblement, et la demi-ration répugnait singulièrement à un certain chef du complot. Enfin pour éviter d'en être réduit à cette extrémité, *le Pouvoir exécutif* décida qu'il était plus sage de *noyer treize personnes*, pour avoir leur ration de vin, que d'en mettre vingt-huit à la demi-ration. Grand Dieu ! quelle honte ! Après cette dernière catastrophe, les chefs du complot, craignant sans doute d'être assassinés à leur tour, jetèrent toutes les armes à la mer, et jurèrent une amitié inviolable aux braves que la hache avait épargnés. Le 17 juillet dans la matinée, le capitaine Parnajon, commandant le brik *l'Argus*, trouva encore quinze hommes sur le Radeau. Il les prit aussitôt à son bord et les conduisit au Sénégal. De ces quinze individus, quatre ou cinq vivent encore, savoir : le capitaine Dupont, aux environs de Maintenon, le lieutenant L'heureux, devenu capitaine, au Sénégal, Savigny, à Rochefort, et Corréard je ne sais où.

CHAPITRE VI.

Les chefs de l'expédition ordonnent aux Canots de faire route dans la direction du Sénégal — Objections de quelques généreux officiers — On reconnaît les côtes du désert de Sahara — Il est défendu d'y aborder — Les matelots du Canot-Major veulent y descendre — Ce Canot où se trouve la famille Picard fait beaucoup d'eau — Souffrances inouies — Terrible position de la famille — Tempête affreuse — Désespoir des passagers.

L<small>E</small> 5 juillet à dix heures du matin, c'est-à-dire, une heure après l'abandon du Radeau, et trois après notre départ de la *Méduse*, M. Lapérère qui commandait notre Canot, fit faire la première distribution des vivres. Chaque passager eut un petit verre d'eau, et à peu-près le quart d'un biscuit. Chacun but sa ration d'eau, d'un seul trait; mais il nous fut impossible de manger notre portion de biscuit, tant il était imprégné de l'eau de la mer. On parvint cependant à en trouver quelques-uns qui étaient un peu moins salés; on en goûta une petite parcelle, et on mit le reste en réserve pour les jours suivans. La journée aurait été assez belle, si les rayons du soleil n'eussent pas été si brûlans. Le soir nous apperçûmes les côtes du désert, mais il fut expressément défendu d'y descendre, parce que les deux chefs, (MM. Schmaltz et Lachaumareys) voulaient aller droit au Sénégal, quoique nous en fussions encore éloignés de près de cent lieues. Plusieurs officiers exposèrent que nous n'avions pas assez de vivres, et que nos embarcations étaient trop chargées de monde, pour entreprendre un pareil voyage par mer. D'autres représentèrent avec beaucoup de force, que ce serait trahir l'honneur du nom français, que d'oublier les malheureux du Radeau, et insistèrent, pour que tout le monde descendît à la côte et y bivaquât, tandis que trois embarcations retourneraient à la recherche du Radeau, et les trois autres aux débris de la *Méduse* pour prendre les dix-sept malheureux qu'on y avait laissés, ainsi que des vivres en quantité suffisante, afin de pouvoir se rendre au Sénégal par la terre de Barbarie ; mais MM. Schmaltz et Lachaumareys dont les embarcations étaient assez bien approvisionnées, méprisant les avis de leurs subalternes, ordonnèrent de mouiller en attendant le jour suivant. Il fallut donc obéir aux ordres des chefs et ne plus s'occuper des malheureux du Radeau et de ceux restés sur la Frégate. Pendant la nuit, un certain passager, qui sans doute n'était pas physicien, et qui réglait ses opinions sur les sorciers et même sur les revenans par la peur qu'il en avait, fut tout-à-coup effrayé par l'aspect d'un embrâsement qu'il crut voir dans les eaux de la mer, à très-peu de distance du lieu où notre Canot était mouillé; mon père et plusieurs autres personnes qui n'ignoraient point que parfois les eaux de la mer sont phosphoriques, confirmèrent le pauvre ignorant dans sa vision, et y ajoutèrent plusieurs circonstances qui lui firent tourner la tête; ils lui persuadèrent entre autres, que quelques sorciers Arabes avaient mis le feu à l'eau de la mer, pour nous empêcher d'aller parcourir leurs déserts.

Le lendemain 6 juillet à cinq heures du matin, toutes les embarcations se mirent en route sur la direction du Sénégal. Les Canots de MM. Schmaltz et Lachaumareys prirent le devant en longeant la côte ; toute l'expédition imita leur manœuvre. Sur les huit heures, plusieurs matelots de notre Canot demandèrent avec menaces de descendre à terre ; M. Lapérère n'ayant point accueilli leur demande, tout l'équipage fut sur le point de se révolter et de s'emparer de la direction de notre embarcation ; mais la fermeté de cet officier en imposa aux mutins. Dans un mouvement qu'il fit, pour s'emparer d'un fusil qu'un matelot persistait à vouloir garder, il faillit de tomber à la mer. Mon père, qui heureusement se trouvait auprès de lui, le retint par l'habit ; il en fut quitte pour la peur et pour la perte de son chapeau que les vagues emportèrent. Peu de temps après ce petit accident, la Chaloupe que nous avions perdue de vue depuis le matin, parut vouloir nous rejoindre. Nous hâtâmes notre marche, afin de l'éviter : car on se craignait les uns les autres ; et nous pensions que cette embarcation encombrée de monde, voulait nous aborder dans l'intention de nous forcer à lui prendre quelques hommes, ce que M. Espiau qui la commandait n'avait pu faire lors de l'abandon du Radeau. Cet officier nous héla de loin ; il offrait à notre famille de la prendre à son bord, ajoutant qu'il venait de transporter au désert une soixantaine de personnes. L'officier de notre Canot, craignant que ce ne fût une ruse, lui répondit que nous préférions souffrir où nous étions. Il nous sembla même que M. Espiau avait fait cacher ses passagers sous les bancs de sa Chaloupe. Mais hélas ! nous nous repentîmes bien dans la suite d'avoir été si défiants, et d'avoir ainsi outragé le dévouement du plus généreux officier de la *Méduse*.

Notre Canot commençait à faire beaucoup d'eau ; mais on parvint, tant bien que mal, à boucher les plus grosses ouvertures avec des étoupes et du suif qu'un vieux matelot avait eu la précaution de prendre en quittant la Frégate. A midi, la chaleur devint si forte, si excessive, que plusieurs de nous crurent toucher à leur dernier moment. Les vents brûlans du désert venaient jusqu'à nous ; et les sables fins dont ils étaient chargés, avaient pour ainsi dire obscurci la transparence de l'atmosphère. Le soleil présentait un disque rougeâtre ; toute la surface de l'Océan devint nébuleuse, et l'air que nous respirions, déposait partout un sable très-fin, une poussière très-déliée qui pénétraient jusqu'à nos poumons déjà dessèchés par une soif ardente. Cet état d'angoisse dura jusqu'à quatre heures du soir ; alors la brise de nord-ouest vint nous apporter un peu de soulagement. Quoique les besoins que nous ressentions et surtout celui d'appaiser la soif ardente qui nous dévorait fussent extrêmement pénibles, l'air frais et bienfaisant que nous commencions à respirer, nous fit oublier une partie de nos souffrances. Le ciel reprit bientôt sa sérénité ordinaire dans ces parages, et nous espérions tous pouvoir passer une bonne nuit. On fit une seconde distribution ; chacun eut encore son petit verre d'eau, et environ le huitième d'un biscuit. Bien que ce repas fût très-léger, tout le monde parut content, dans la persuasion où l'on était de pouvoir arriver au Sénégal le lendemain. Mais combien notre espoir était vain et que de souffrances n'avions-nous pas encore à endurer !

Vers les sept heures et demie, le ciel se couvrit de nuages affreux. Ce beau temps que nous admirions quelques instans auparavant, disparut entièrement, pour faire place à l'obscurité la plus sombre. La surface de l'Océan offrait tous les signes avant-coureurs d'une grande tempête. L'horison du côté du désert présentait l'aspect d'une longue et hideuse chaîne de montagnes entassées les unes sur les autres, dont les sommets semblaient vomir le feu et le soufre. Des nuages bleuâtres bordés d'un sombre cuivré se détachaient de cette masse informe, et venaient se réunir à ceux qui se balançaient sur nos têtes. En moins d'une demi-heure, tout l'Océan parut confondu avec les nuages horribles qui le couvraient. Aucune étoile du firmament ne s'offrait plus à nos yeux. Tout-à-coup un bruit épouvantable se fait entendre du côté de l'ouest, et toutes les vagues de la mer viennent fondre sur notre frêle Canot. Un silence rempli d'effroi succède à une consternation générale ; toutes les bouches sont muettes, et aucun de nous; n'ose communiquer à son voisin l'horreur dont il est pénétré. Les enfans poussent par intervalle des gémissemens qui nous déchirent le cœur. En ce moment une mère éplorée et saisie de la plus affreuse angoisse, présente le sein à son enfant languissant; mais ce sein desséché par le manque d'alimens, n'offre plus rien qui puisse appaiser la soif de l'innocent qui le presse en vain. O nuit épouvantable! quelle plume pourra jamais peindre cet affreux tableau! Comment décrire toutes les souffrances, les mortelles alarmes d'un père, d'une mère, à la vue de leurs enfans entassés et expirant d'inanition dans un petit Canot que les vents et la rage des flots menacent d'engloutir à chaque instant. Nous avons tous devant les yeux le spectacle d'une mort inévitable; chacun s'efforçant de se résigner à son malheureux sort, adresse des vœux au Ciel. Les vents grondent avec plus de fureur; les flots se soulèvent, s'irritent, se heurtent; dans leur choque épouvantable, une montagne d'eau se précipite sur notre Canot, emporte une des voiles et la plupart des effets que quelques matelots avaient sauvés de la *Méduse*. Notre barque est près de couler bas ; les femmes et les enfans étendus au fond, boivent l'onde amère; et leurs cris se mêlant au bruit des vagues et de furieux aquilons ajoutent encore à l'horreur de ce spectacle. Mon infortuné père éprouve alors le plus affreux suplice. L'idée des pertes que notre naufrage vient de lui causer et le danger où se trouve ce qui lui reste de plus cher au monde, le plongent dans un profond évanouissement. La tendresse prête à son épouse et à ses enfans des forces pour tâcher de le tirer de cet état. Il revient à la vie, mais hélas ! c'est pour mieux déplorer l'infortune et l'horrible position de sa famille; il nous presse contre son cœur, il nous arrose de ses larmes, et semble jeter sur nous ses derniers regards.

Toutes les personnes de notre embarcation sont saisies de la même horreur, mais elles le manifestent d'une manière différente. Une partie des matelots reste immobile, l'esprit égaré ; l'autre pousse des cris d'encouragement ; les enfans se précipitent dans les bras de leurs parens, en jetant des cris perçans ; ceux-là demandent à boire, en rendant l'eau salée qui les suffoque ; ceux-ci enfin, s'embrassent comme pour se dire un dernier adieu, entrelacent leurs bras et jurent de mourir ensemble.

Cependant la mer soulevée par les vents devient toujours plus grosse ; toute la surface de l'Océan n'offre plus qu'une vaste plaine d'écume blanche sillonnée de vagues noirâtres et d'abîmes profonds. Le tonnerre gronde de tous côtés, et les éclairs se succèdant les uns aux autres, découvrent à nos yeux tout ce que l'esprit peut concevoir de plus horrible. Notre Canot battu de tous côtés par les vents et soulevé à chaque instant par de hautes montagnes d'eau, est presque submergé, malgré tous nos efforts pour en jeter l'eau qui y entre, lorsqu'on découvre un large trou sur l'arrière. On se hâte de le boucher avec tout ce qu'on peut trouver ; vieux pantalons, manches de chemises, lambeaux de robes, schalls, mauvais bonnets, tout est employé avec succès, ce qui nous rassure tant soit peu. Durant plus de six heures, nous voguons ainsi balancés entre la crainte et l'espérance, entre la vie et la mort. Enfin, vers le milieu de la nuit, le ciel qui a vu notre résignation, commande aux flots irrités. Bientôt la mer est moins grosse, le voile qui la couvre devient moins obscur, les étoiles brillent de nouveau, et l'orage paraît s'éloigner. Un cri général d'allégresse et d'actions de grâces part au même instant de toutes les bouches. Les vents se calment, et chacun de nous cherche à prendre un peu de repos, tandis que notre bon et généreux pilote dirige notre Canot sur une mer encore très-houleuse.

Le jour enfin, le jour si désiré ramène entièrement le calme, mais il ne nous apporte pas d'autres consolations. Durant la nuit, les courans, les vagues et les vents nous avaient entraînés bien loin au large, de sorte que le 7 juillet au matin, nous ne vîmes plus que le ciel et l'eau, sans savoir de quel côté diriger notre route; car notre boussole avait été brisée pendant la tempête. Dans cette situation désespérante, on continue de gouverner tantôt à droite tantôt à gauche, jusqu'à ce que l'aurore vienne enfin nous indiquer la partie du levant.

CHAPITRE VII.

Après une tempête des plus affreuses, le Canot où se trouve la famille Picard veut encore faire route pour le Sénégal. — Cruelle alternative où se trouvent les passagers de ce Canot. — On se décide enfin à atteindre la côte. — Description du débarquement. — Transports des naufragés.

Dans la matinée du 7 juillet, nous revîmes la terre du désert, quoique nous en fussions très-éloignés. Les matelots murmurant de nouveau, demandèrent à y descendre, espérant pouvoir y trouver quelques herbages bons à manger, et de l'eau plus potable que celle de la mer. Comme nous craignions les Maures, on s'opposa à leur demande. Cependant M. Lapérère leur proposa de les conduire jusqu'auprès des premiers brisans qui bordaient la côte, et que là, ceux qui avaient envie d'aller au désert se jetteraient à la nage pour gagner la terre. Il s'en trouva onze qui acceptèrent la proposition; mais quand nous fûmes arrivés auprès des premières vagues, aucun d'eux n'eut le courage de traverser à la nage quatre montagnes d'eau qui se succédaient jusqu'au rivage. Nos matelots reprirent donc leurs places et leurs rames, et promirent d'être plus tranquilles. Peu de temps après, on vit en faisant la troisième distribution depuis notre départ de la *Méduse*, qu'il ne nous restait plus que quatre pintes d'eau et une demi-douzaine de biscuits. Quel parti prendre dans cette cruelle position? nous désirions tous aller à terre, mais il y avait beaucoup de dangers à courir. Cependant nous allions nous décider à aborder, lorsqu'il nous sembla voir une caravane de Maures sur la côte. Nous nous éloignâmes alors un peu au large. Suivant le calcul de l'officier qui nous commandait, nous devions arriver le lendemain au Sénégal. Trompés par ce faux calcul, nous préférâmes tous souffrir encore un jour, plutôt que de nous exposer à être pris par les Maures du désert, ou à périr dans les brisans. Il ne nous revenait plus à chacun qu'un petit demi-verre d'eau, et le septième d'un biscuit. Exposés comme nous l'étions à tous les feux d'un soleil qui dardait ses rayons perpendiculairement sur nos têtes, cette ration quoique très-faible, aurait pu nous être d'un grand soulagement, mais la distribution ne devait s'en faire que le lendemain. Il fallut donc encore essayer de boire l'onde amère, bien qu'elle ne fût guère propre à nous désaltérer. Oserai-je le dire ! la soif avait tellement desséché nos poumons, qu'il y eut des matelots qui burent de leur urine, après l'avoir fait réfroidir dans l'eau de la mer. Nos forces diminuaient à chaque instant ; et ce n'était que l'espoir d'arriver le jour suivant à la colonie qui soutenait notre frêle existence. Mes jeunes frères et sœurs pleuraient sans cesse en demandant à boire ; la petite Laure, âgée de six ans, était couchée mourante aux pieds de sa mère ; ses cris douloureux émurent tellement les entrailles de mon malheureux père, qu'il fut sur le point de s'ouvrir une veine pour essayer de calmer la soif qui dévorait son enfant ; mais une personne prudente s'opposa à ce dessein, en lui faisant observer que tout son sang ne pourrait pas prolonger d'une minute la vie de ses enfans.

La fraîcheur de la nuit nous procura

un peu de soulagement. Nous mouillâmes tout près de la côte ; et quoique mourant de faim chacun dormit d'un sommeil assez tranquille. Le lendemain 8 juillet, dès le point du jour, nous reprîmes la route du Sénégal. Peu de temps après, le vent tomba tout à fait, et nous eûmes un calme plat. On essaya d'aller à la rame, mais les forces étaient épuisées. Une quatrième et dernière distribution fut faite, et en un clin d'œil nos dernières ressources furent consommées. Nous étions quarante-deux personnes qui venions de faire un repas avec *six biscuits* et environ *quatre pintes d'eau ;* il ne nous restait plus aucune espèce de provisions. Le moment était donc venu de se décider, ou à périr dans les parages qui défendaient l'approche du désert, ou à mourir de faim en continuant notre route. La majorité préféra ce dernier genre de supplice. Sur-le-champ nous nous remîmes en route, en agitant péniblement nos rames. On distinguait sur le rivage plusieurs grandes dunes de sable blanc, et quelques arbrisseaux. Nous naviguions ainsi en longeant la côte, et en gardant un morne silence, lorsque tout-à-coup un matelot s'écria : Voila des Maures ! En effet, nous vîmes parmi les buttes du rivage plusieurs individus qui marchaient à grands pas, et que nous prîmes pour des Arabes du désert. Comme nous étions assez près de la côte, nous nous en éloignâmes aussitôt, craignant que ces prétendus Maures ou Arabes ne se jetassent à la nage pour nous arrêter. Quelques heures après, nous découvrîmes sur une petite éminence plusieurs hommes qui paraissaient nous faire des signaux. Nous les examinâmes avec attention, et bientôt nous les reconnûmes pour être de nos compagnons d'infortune. On leur répondit en attachant un mouchoir blanc à l'extrémité de notre mât. Dès lors, nous prîmes tous la résolution d'aller à terre, au risque de périr dans les brisans qui étaient très-forts vers le rivage, quoique la mer fût calme. En nous approchant de la côte, nous vîmes un endroit où les flots paraissaient moins s'élever qu'ailleurs. Nous essayâmes de l'atteindre, dans l'espoir que nous pourrions plus facilement y aborder. A peine nous dirigions-nous de ce côté, que nous apperçûmes une grande troupe de gens arrêtés auprès d'un petit bois environné de plusieurs collines de sable assez élevées. Nous les reconnûmes pour être les passagers des canots qui, comme le nôtre, étaient privés de vivres.

Cependant nous approchions du rivage, et déjà les lames écumantes qui s'y brisaient, nous remplissaient d'épouvante. Chaque flot qui venait de la pleine mer, chaque lame qui s'engageait sous notre

Canot, le fesaient sauter en l'air; de sorte que nous étions tantôt précipités de la poupe à la proue, et tantôt jetés de la proue à la poupe. Alors, si notre pilote venait à manquer la lame, nous étions presqu'entièrement submergés. Dans cette position, les vagues devaient nous jeter à terre, ou nous devions être noyés dans les flots. La direction de notre Canot fut remise au vieux pilote qui nous avait déjà si heureusement tirés des dangers de la tempête. Aussitôt il fit jeter à la mer le mât, les voiles et tout ce qui pouvait embarrasser les manœuvres. Quand nous abordâmes les premiers brisans, plusieurs des autres naufragés qui se trouvaient sur la côte, coururent se cacher derrière le dunes, pour ne pas nous voir périr; d'autres nous faisaient signe de ne point aborder dans cet endroit; ceux-ci se cachaient les yeux avec leurs mains; ceux-là enfin méprisant le danger, s'étaient précipités dans les vagues pour nous recevoir dans leurs bras. Nous vîmes alors un spectacle qui nous fit frémir. Nous avions déjà franchi deux rangs de brisans ; mais ceux qu'il nous restait à franchir poussaient leur écume blanchissante à une hauteur prodigieuse, puis venant à s'affaisser avec un bruit rauque et affreux, ils couvraient une grande partie du rivage ; notre Canot, tantôt fort haut, tantôt englouti entre deux lames, semble toucher au moment de sa perte : froissé, heurté, poussé de tous côtés, il tourne sur lui-même et refuse d'obéir aux bras affaiblis qui le dirigent. Au même instant, une forte lame venant du large se présente à notre poupe ; le Canot plonge, disparaît, et nous sommes au milieu des vagues et des flots. Nos matelots auxquels la présence du danger a redonné des forces, réunissent leurs efforts en formant des sons lugubres; notre barque gémit, les rames se brisent, on se croit à terre, mais on est engravé; le Canot est sur son côté; une dernière lame fond sur nous avec toute l'impétuosité d'un torrent; nous avons de l'eau jusqu'au col; l'écume amère nous suffoque; on jette le grapin; les matelots se précipitent dans les vagues; ils reçoivent les enfans dans leurs bras; ils reviennent au Canot, nous chargent sur leur dos, et je me trouve déposée sur le sable à côté de ma belle-mère et de mes jeunes frères et sœurs, presque mourans. Tout le monde est sur la plage, excepté mon père et quelques matelots; il arrive enfin ce bon père, pour mêler ses larmes à celles de sa famille et de ses amis.

Aussitôt nos cœurs attendris se réunirent pour adresser des actions de grâces à Dieu. Pour moi, j'élevai mes mains vers le ciel, et je restai quelque temps immobile sur le rivage. Chacun s'empressa aussi de témoigner sa reconnaissance à notre vieux pilote qui, après Dieu, pouvait à juste titre être appelé notre sauveur. M. Dumège, chirurgien attaché à la marine, lui donna une superbe montre en or, seul objet qu'il eût sauvé de la *Méduse*.

Que le lecteur veuille bien maintenant se rappeler tous les périls auxquels nous avons été exposés en nous rendant des débris de la Frégate à la côte du désert, tout ce que nous avons souffert pendant ces quatre jours de navigation, et il aura peut-être une juste idée des diverses sensations que nous dûmes éprouver en abordant dans cette terre étrangère et sauvage. Sans doute que la joie que nous ressentions d'avoir échappé comme par miracle à la fureur des flots était grande; mais combien elle était tempérée par le sentiment de notre horrible situation ! Sans eau, sans vivres, et la plupart de nous presque nus, pouvions-nous ne pas être saisis de frayeur en pensant aux obstacles que nous avions à surmonter, aux fatigues, aux privations, aux peines et aux souffrances que nous avions à supporter, aux dangers de toute espèce que nous allions courir dans l'immense et affreux désert qu'il nous fallait traverser pour arriver à notre destination ? Divine Providence ! c'est en toi seule que je mis mon espoir.

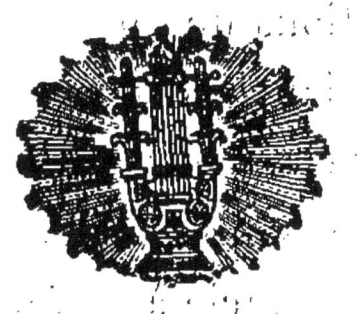

CHAPITRE VIII.

Les naufragés forment une caravane pour se rendre par terre au Sénégal. — Ils trouvent de l'eau dans le désert. — Quelques personnes de la caravane opinent pour qu'on abandonne la famille Picard. — Conduite généreuse d'un vieux capitaine d'infanterie. — Découverte d'un Oasis de pourpier sauvage. — Premier repas de la caravane dans le désert. — On rencontre un petit camp d'Arabes. — M. Picard achète deux chevreaux. — Des Maures offrent leurs services aux naufragés. — On arrive ensuite au grand camp des Maures. — M. Picard est reconnu par un Arabe. — Généreux procédé de cet Arabe.

— *Départ précipité de la caravane.* —
On loue des ânes.

Après que nous fûmes un peu revenus de l'état d'abattement où nous étions en arrivant à terre, les autres naufragés nous apprirent qu'ils étaient descendus à la côte dans la matinée, et qu'ils avaient franchi les brisans à force de rames et de voiles ; mais ils n'avaient pas été aussi heureux que nous : un malheureux, en voulant débarquer avec trop de précipitation, eut les jambes brisées sous la chaloupe ; il fut déposé sur le rivage et abandonné aux soins de la Providence. L'officier qui commandait la chaloupe, (M. Espiau) nous reprocha d'avoir été si méfians, lorsqu'il voulut nous aborder pour prendre notre famille à son bord. Il était bien vrai qu'il avait débarqué soixante-trois hommes ce jour même. Peu de temps après notre refus, il prit les passagers de la Yôle qui auraient infailliblement péri dans la nuit si orageuse du 6 au 7. Le Canot dit du Sénégal, commandé par M. Maudet, avait fait côte en même temps que la chaloupe de M. Espiau. Les embarcations de MM. Schmaltz et Lachaumareys étaient les seules qui eussent continué de faire route pour le Sénégal, tandis que les neuf dixièmes des Français confiés à ces Messieurs, s'entr'égorgeaient sur le *Radeau* ou mouraient de faim dans les déserts brûlans du Sahara.

Sur les cinq heures du soir, on convint de former une caravane et de pénétrer dans le désert pour tâcher d'y découvrir de l'eau douce. Nous en trouvâmes en effet à peu de distance de la mer, en creusant dans le sable. Bientôt toutes les personnes de la caravane furent réunies autour de ce petit puits, qui fournit assez d'eau pour nous désaltérer tous.

Cette boisson saumâtre fut trouvée délicieuse, quoiqu'ayant un petit goût sulfureux ; sa couleur était celle du petit lait. Comme nos robes toutes mouillées étaient en lambeaux, et que nous n'avions pas de quoi en changer, quelques officiers généreux nous offrirent leurs habits. Ma belle-mère, ma cousine et ma sœur s'en revêtirent. Pour moi, je préférai de garder ma robe. Nous restâmes auprès de notre fontaine bienfaisante pendant plus d'une heure. On prit ensuite la direction du Sénégal, c'est-à-dire la route du sud : car nous ne savions pas au juste où était ce pays. On convint que les femmes et les enfans marcheraient en avant de la caravane, afin que nous ne fussions pas exposés à rester en arrière. Les matelots chargèrent volontairement les plus petits enfans sur leur dos, et tout le monde se mit en route en longeant la côte. Quoi qu'il fût près de sept heures, le sable était encore brûlant, ce qui nous faisait souffrir cruellement, attendu que nous étions sans souliers, les ayant perdus dans les vagues en descendant à terre. Aussitôt que nous fûmes arrivés sur les bords de la mer, nous nous mîmes tous à marcher sur le sable humide afin de nous rafraîchir un peu. Durant toute la nuit, nous voyageâmes ainsi sans rencontrer autre chose que des coquillages qui nous déchiraient les pieds.

Le 9 au matin, nous apperçûmes une gazelle sur le haut d'une petite colline, qui disparut aussitôt et ne donna pas le temps de la tirer. Le désert offrait à notre vue une immense plaine de sable sur laquelle on n'appercevait pas un seul brin de verdure. Cependant nous trouvâmes encore de l'eau en creusant dans le sable. Dans la matinée, deux officiers de marine se plaignirent de ce que notre famille ralentissait la marche de la caravane. Il est vrai que des femmes et de jeunes enfans ne pouvaient pas marcher aussi vîte que ces Messieurs. Nous forcions notre marche le plus qu'il nous était possible, néanmoins nous restions souvent en arrière, ce qui obligeait de faire halte pour nous attendre. Ces officiers se réunirent à d'autres individus et tinrent conseil entre eux, pour délibérer s'ils devaient nous attendre, ou nous abandonner dans le désert. Je dois dire cependant, que peu de personnes furent de ce dernier avis. Mon père informé de ce qui se trâmait contre nous, alla trouver les chefs du complot, et leur reprocha dans les termes les plus forts, leur égoïsme et leur peu d'humanité. La dispute devint très-vive; ceux qui avaient envie de nous abandonner, tirèrent leurs épées, et mon père mit la main sur un poignard dont il

s'était muni en quittant la Frégate. A cette vue, nous nous élançâmes vers lui, le conjurant de rester plutôt dans les déserts avec sa famille, que d'implorer des secours de gens qui étaient peut-être moins humains que les Maures mêmes. Plusieurs personnes prirent notre parti, et notamment M. Bégnère, capitaine d'infanterie qui pour faire cesser toute dispute, dit à ses soldats :
» Mes amis ! vous êtes Français, et j'ai
» l'honneur d'être votre chef, aussi nous
» n'abandonnerons jamais une famille
» malheureuse dans ces déserts, tant
» que nous pourrons lui être utiles ».
Ce discours bref, mais énergique, fit rougir ceux qui voulaient nous abandonner. Tous se réunirent alors au vieux capitaine, en disant qu'ils ne se sépareraient pas de nous ; mais à condition que nous marcherions plus vîte. M. Bégnère et ses soldats répliquèrent qu'il ne fallait pas

stipuler de conditions, lorsqu'il s'agissait de faire une bonne action, et l'infortunée famille Picard se mit encore en route avec toute la caravane. Quelques temps après cette dispute, M. Rogéry, membre de la société philantropique du *Cap-Vert*, quitta secrètement la caravane, s'enfonça au milieu des déserts, sans trop savoir ce qu'il y allait chercher. Il voulait peut-être explorer l'ancien pays des Numides et des Gétules, et donner un esclave de plus à l'empereur de Maroc. Que fallait-il davantage pour acquérir de la célébrité ? Cet intrépide voyageur n'eut pas le temps de trouver ce qu'il cherchait ; car il fut arrêté peu de jours après par les Maures, et amené captif au Sénégal, où il fallut que le Gouverneur payât sa rançon.

Sur le midi, la faim se faisait sentir si fortement parmi nous, qu'on se décida à pénétrer au-delà des petites montagnes de sable qui bordent la côte, pour voir si nous ne pourrions pas trouver quelques herbes bonnes à manger ; mais nous ne trouvâmes que des plantes vénéneuses, parmi lesquelles étaient plusieurs espèces d'euphorbes. Des lianes d'une verdure éclatante, tapissaient les dunes ; nous goûtâmes de leurs feuilles, elles étaient aussi amères que le fiel. La caravane se reposa en cet endroit, pendant que plusieurs officiers, pénétraient plus avant dans l'intérieur. Au bout d'une heure, ils revinrent chargés de pourpier sauvage qu'ils distribuèrent à chacun de nous. Aussitôt tout le monde se mit à dévorer sa botte d'herbage, sans en laisser la plus petite parcelle. Mais comme nos ventres affamés étaient loin d'être rassasiés par cette modique ration, les soldats et les matelots retournèrent à la recherche du pourpier. Ils en rapportèrent bientôt une assez grande quantité qui fut également distribuée et dévorée sur le champ, tant la faim nous faisait trouver ce mets délicieux. Pour moi, j'avoue que je ne crois pas avoir rien mangé de ma vie avec autant d'appétit. Nous trouvâmes aussi de l'eau en cet endroit, mais d'un goût détestable. Après ce repas vraiment frugal, nous nous remîmes en route. La chaleur était portée au dernier degré ; les sables sur lesquels nous marchions étaient brûlans ; cependant plusieurs d'entre nous traversaient ce brâsier sans souliers, et les femmes n'avaient que leur cheveux pour coëffure. Lorsque nous fûmes arrivés sur les bords de la mer, nous courûmes tous nous coucher dans les premiers flots. Après nous y être reposés quelque temps, nous reprîmes notre route en suivant la plage humide. Dans la journée, nous rencontrâmes plusieurs gros crabes qui nous furent d'un grand secours ; aussi à chaque instant cherchions-nous à étancher notre soif en suçant les pattes crochues de ces crustacés. Sur les neuf heures du soir, on fit halte entre deux collines de sable assez élevées. Après un court entretien sur nos infortunes, tout le monde témoigna le désir de passer une partie de la nuit dans cet endroit, attendu que nous entendions de tous côtés les rugissemens des léopards. On délibéra sur les moyens de pourvoir à notre sûreté; mais bientôt le sommeil vint mettre fin à nos craintes. A peine avions-nous reposé quelques heures, que l'effroyable rugissement des bêtes féroces nous réveilla et nous fit tenir sur la défensive. Il faisait un superbe clair de lune, et malgré mes craintes et l'aspect horrible du lieu, jamais la nature ne m'avait paru si majestueuse. Tout-à-coup, on annonce quelque chose qui ressemble à un lion. Cette nouvelle est entendue avec la plus grande émotion ; chacun voulant constater la vérité, fixe l'objet indiqué, l'un croit voir la longue crinière du roi des animaux ; l'autre assure que sa gueule est déjà ouverte pour nous dévorer ; plusieurs armés de fusils, couchent l'animal en joue, s'avancent de quelques pas, et reconnaissent que le prétendu lion n'est qu'un arbuste qu'un vent léger agitait. Cependant les hurlemens des bêtes féroces qui nous avaient tant effrayés, se faisant encore entendre par intervalle, nous crûmes devoir regagner les bords de la mer, afin de continuer notre route vers le sud.

Notre situation avait été très-périlleuse pendant la nuit ; néanmoins au point du jour, nous eûmes la satisfaction de voir qu'il ne nous manquait personne. Au lever du soleil, nous marchâmes un peu vers l'est en pénétrant dans l'intérieur, afin de trouver de l'eau douce ; nous perdîmes beaucoup de temps en recherches inutiles. La contrée que nous traversions était un peu moins aride que le pays que nous avions parcouru le jour précédent. Des collines, des vallons, et une vaste plaine de sable parsemés de quelques Mimosas, offraient à nos regards une variété que nous n'avions encore rencontrée nulle part dans le désert. Ce pays est borné à l'est par une chaîne de montagnes ou hautes dunes de sable qui a sa direction du nord au sud. Nous n'apperçûmes pas la moindre trace de travaux agricoles.

Vers les dix heures du matin, quelques personnes de la caravane voulurent aller à la découverte dans l'intérieur, et ce ne fut pas en vain. Elles revinrent bientôt nous apprendre qu'elles avaient apperçu deux tentes Arabes sur une petite élévation. Aussitôt nous dirigeâmes nos pas de ce côté. Nous eûmes à franchir de grandes dunes très-mouvantes, et nous arrivâmes dans une vaste plaine couverte çà et là de verdure ; mais ce gazon était si dur et si piquant, qu'on ne pouvait marcher dessus sans s'écorcher les pieds. Notre présence dans ces affreuses solitudes mit en fuite trois ou quatre jeunes bergers Maures qui gardaient un petit troupeau de brebis et de chèvres dans un Oasis. Nous arrivâmes enfin aux tentes que nous cherchions ; nous n'y trouvâmes que trois Mauresses et deux petits enfans qui ne parurent nullement effrayés de notre visite. Un nègre domestique d'un officier de marine nous servait d'interprète auprès de ces bonnes femmes ; après avoir appris nos malheurs, elles nous offrirent du millet et de l'eau en payant. Nous achetâmes un peu de ce grain à raison de trente sols par chaque poignée ; l'eau nous fut donnée moyennant trois francs le verre; elle était fort bonne et peu de personnes regrettèrent l'argent qu'elle coûtait. Comme un verre d'eau sur une poignée de millet cru était un bien faible repas pour des gens affamés, mon père acheta deux chevreaux, qu'on ne voulut pas lui céder à moins de vingt piastres (100 francs); nous les tuâmes aussitôt, et nos Mauresses nous les firent cuire dans une grande chaudière. Pendant qu'on apprêtait notre repas, mon père à qui notre position ne permettait pas de faire à lui seul cette dépense, engagea ceux de la caravane qui avaient de l'argent à y contribuer; un ancien officier de marine, qui devait être capitaine de port au Sénégal, fut le seul qui s'y refusa, quoiqu'il eût sur lui près de trois mille francs, ainsi qu'il s'en est vanté dans la suite. Les soldats et les matelots, dont plusieurs lui avaient vu compter un rouleau de pièces d'or en descendant à la côte du désert, lui reprochèrent fortement sa sordide avarice; mais il se montra insensible à ces reproches et n'en mangea pas moins sa portion des chevreaux comme tous nos compagnons d'infortune.

Sur le point de nous remettre en route, nous vîmes venir à nous plusieurs Maures armés de lances. A l'instant, les gens de notre caravane saisissent leurs armes et se disposent à nous défendre en cas d'attaque. Deux officiers suivis de plusieurs soldats et matelots et de notre nègre interprète, vont au-devant d'eux, pour savoir quels motifs les amènent. Ils reviennent aussitôt suivis de ces Maures qui nous disent, que loin de vouloir nous faire du mal, ils viennent nous offrir leurs services pour nous guider jusqu'au Sénégal. Cette proposition ayant été accueillie avec reconnaissance par toute la caravane, les Maures qui nous avaient tant causé d'effroi deviennent nos protecteurs et nos amis, tant il est vrai que le vieux proverbe : *il est de bonnes gens partout*, ne peut jamais mentir. Comme le camp de ces Maures était assez éloigné du lieu où nous étions, nous partîmes de suite, afin de pouvoir y arriver avant la nuit. Après avoir fait environ deux lieues à travers les sables brûlans, nous nous trouvâmes de nouveau sur les bords de la mer. Sur le soir, nos conducteurs nous firent pénétrer dans l'intérieur, disant que nous étions très-près de leur camp, qu'ils appelaient en leur langage *Berkelet*. Mais cette distance courte pour des Maures, fut trouvée bien longue par les femmes et les enfans, à cause des dunes de sable qu'il fallait monter et descendre à chaque instant, ainsi que des arbustes épineux sur lesquels nous étions souvent obligés de marcher. Ce fut surtout alors, que ceux qui étaient pieds nus, sentirent vivement la perte de leurs souliers. Pour moi, déjà déguenillée d'une manière affreuse, je laissai dans les buissons plusieurs lambeaux de ma robe, et j'eus les pieds et les jambes tout en sang. Enfin après deux grandes heures de marche et de souffrances, nous arrivâmes au camp de la tribu à laquelle appartenaient nos conducteurs Arabes. A peine entrions-nous dans ce camp, que les chiens, les enfans, et les femmes des Maures nous accablèrent de mille importunités. Les uns nous jetaient du sable dans les yeux, les autres s'amusaient à nous arracher les cheveux tout en feignant de vouloir les examiner; ceux-ci nous pinçaient, ceux-là nous crachaient à la figure; les chiens nous mordaient les jambes, tandis que de vieilles harpies arrachaient les boutons des habits de nos officiers, ou cherchaient à en enlever les galons. Cependant nos conducteurs eurent pitié de nous ; ils firent éloigner les chiens et la foule des curieux qui nous avaient déjà fait souffrir autant que les épines qui avaient déchiré notre peau. Les chefs du camp, nos guides, et quelques bonnes femmes s'occupèrent ensuite à nous trouver de quoi souper. On nous donna de l'eau en assez grande quantité, et sans nous la faire payer; on nous vendit du poisson séché au soleil, et quelques jattes de lait aigre, mais le tout à un prix assez raisonnable.

Dans ce camp, il se trouvait un Maure qui avait autrefois connu mon père au Sénégal, et qui parlait un peu français ; aussitôt que le Maure l'eut reconnu, il s'écria : *tiens toi Picard ! ni a pas connaître moi Amet ?* à ces sons français sortis de la bouche d'un Maure, nous fûmes tous ravis d'étonnement. Mon père se rappelant un jeune orfèvre qu'il avait jadis employé au Sénégal, reconnut le Maure *Amet* et lui serra la main. Après que ce bon Maure eut appris notre naufrage, et à quelle extrémité notre malheureuse famille était réduite, il ne put retenir ses larmes. Ce fut peut-être la première fois, que l'on vit un Musulman répandre des pleurs sur les infortunes d'une famille chrétienne. Le Maure *Amet* ne se borna pas à déplorer nos malheurs : il voulut nous prouver qu'il était humain et généreux; aussitôt une grande quantité d'eau et de lait nous fut distribuée gratis. Il construisit aussi pour notre famille, une grande tente avec des peaux de chameaux, de bœufs et de moutons, parce que sa religion ne lui permettait pas de loger des chrétiens dans la sienne. Le temps paraissait très-sombre, et l'obscurité qu'il faisait nous donnait de l'inquiétude. *Amet* et nos conducteurs firent allumer de grands feux pour nous rassurer. Ensuite ils nous souhaitèrent le bon soir, et se retirèrent dans leurs tentes, en nous disant : » Dormez tranquillement, le » Dieu des Chrétiens est aussi celui des » Musulmans ».

On avait résolu de ne quitter ce lieu vraiment hospitalier qu'au point du jour; mais dans la nuit, quelques personnes qui avaient probablement beaucoup d'argent, s'imaginèrent que les Maures ne nous avaient conduits dans leur camp, qu'afin de mieux nous piller. Elles communiquèrent leurs craintes à d'autres, et prétendirent que les Maures qui se promenaient autour de leurs troupeaux, pour en éloigner les bêtes féroces par les cris qu'ils poussaient de temps en temps, avaient déjà donné le signal pour nous surprendre et nous égorger. Aussitôt une terreur générale se répand parmi tous nos gens, et l'on veut partir desuite. Mon père, quoiqu'il connût la perfidie de la plupart des peuplades du désert, tâcha cependant de nous rassurer, en nous disant qu'il n'y avait rien à craindre, parce que les Arabes redoutaient trop les habitans du Sénégal, qui ne manqueraient pas de nous venger, si l'on nous insultait; mais rien ne put calmer les esprits effrayés; il fallut se mettre en route au milieu de la nuit. Les Maures qui furent bientôt instruits de nos craintes, nous firent toutes sortes de protestations; et voyant que nous persistions à vouloir quitter leur camp, ils nous offrirent des ânes pour nous porter jusqu'au fleuve du Sénégal. On loua ces montures à raison de 12 francs par jour, pour chaque tête, et nous partîmes sous la conduite des Maures qui nous avaient déjà guidés la veille. Le maure *Amet* ayant sa femme malade ne put nous accompagner, mais il nous recommanda fortement à nos guides. Mon père n'avait pu louer que deux ânes pour toute notre famille; et comme elle était nombreuse, ma sœur Caroline, ma cousine et moi, nous fûmes encore obligées de nous traîner, ainsi que notre malheureux père à la suite de la caravane, qui à la vérité n'allait guère plus vite que nous.

A peu de distance du camp, le brave et compâtissant capitaine Bégnère, voyant que nous n'avions pas de monture, nous força d'accepter celle qu'il avait louée pour lui, en nous disant, que jamais il n'irait à cheval, quand des demoiselles exténuées de fatigue le suivraient à pied. Ce digne officier que le Roi a depuis récompensé honorablement, ne cessa d'avoir pour notre malheureuse famille, des soins et des attentions que je n'oublierai jamais.

Durant le reste de la nuit, nous voyageâmes d'une manière assez agréable, en montant alternativement l'âne du capitaine Bégnère.

CHAPITRE IX.

La caravane regagne les bords de la mer. — On apperçoit un navire. — Il envoie des secours à la caravane. — Grande générosité d'un Anglais. — Continuation du voyage. — Chaleur extraordinaire. — On tue un bœuf. — Repas de la caravane. — On découvre enfin le fleuve du Sénégal. — Joie des naufragés. — M. Picard reçoit des secours de la part de ses anciens amis du Sénégal. — Hospitalité des habitans de l'île Saint-Louis du Sénégal, envers toutes les personnes de la caravane.

Le 11 juillet, sur les cinq heures du matin, nous regagnâmes le rivage de la mer. Aussitôt nos ânes fatigués d'une longue course à travers les sables, coururent se coucher dans les brisans, sans que nous pussions les retenir. Ce petit accident fut cause que plusieurs de nous prirent un bain dont ils se seraient volontiers passés; moi-même, je fus froissée sous mon âne au milieu des flots, et j'eus beaucoup de peine à sauver un de mes jeunes frères que les vagues entraînaient. Mais en définitive, comme cet accident n'avait rien eu de bien fâcheux, on rit, et nous nous remîmes en route, les uns à pied, et les autres sur leurs ânes capricieux. Vers dix heures, nous apperçûmes un navire à la mer. On attacha desuite un mouchoir blanc au bout d'un fusil, on l'agita en l'air, et bientôt nous eûmes la satisfaction de voir qu'on nous reconnaissait. Ce navire s'étant approché assez près de la côte, les Maures qui étaient avec nous, se jetèrent à la mer pour l'aborder à la nage. Il faut dire ici, que c'était bien à tort que nous avions soupçonné ces gens de perfidie envers nous ; car jamais dévouement ne parut plus généreux que le leur, quand ils s'élancèrent tous les cinq dans les vagues, pour nous aller chercher des secours auprès du navire, quoiqu'il fût encore à plus d'un grand quart de lieue du rivage. Au bout d'une demi-heure, nous vîmes revenir ces bons Maures faisant flotter devant eux trois petites barriques. Arrivés à la plage, l'un d'eux remit à M. Espiau, une lettre de M. Parnajon : c'était le capitaine du brik l'*Argus* qui allait à la recherche du Radeau et nous envoyait des provisions. Cette lettre nous annonçait une petite barrique de biscuit, un tierçon de vin, un demi-tierçon d'eau-de-vie et un fromage de Hollande. Quelle heureuse rencontre ! Nous aurions bien désiré témoigner toute notre reconnaissance au généreux commandant du Brick, mais il prit aussitôt le large et s'éloigna. Nous nous mîmes à défoncer les barriques qui contenaient nos petites provisions; on en fit la distribution, et chacun de nous eut un biscuit, environ un verre de vin, un demi-verre d'eau-de-vie et un petit morceau de fromage. Des coquillages, que nous ramassâmes sur le rivage de la mer, nous servirent de gobelets. Chacun but sa ration de vin d'un seul trait; l'eau-de-vie même ne fut point dédaignée par les Dames. Cependant pour mon compte, préférant la quantité à la qualité, j'échangeai ma ration d'eau-de-vie contre du vin. Décrire quelle fut notre joie en prenant ce repas, est chose impossible. Exposés aux rayons brûlans d'un soleil vertical; épuisés par une longue suite de souffrances; privés pendant long-temps de toute espèce de liqueurs spiritueuses, nous fûmes tous transportés hors de nous-mêmes, lorsque chacun eut mélangé dans son estomac ces rations d'eau de vie et de vin. La vie, qui, tout récemment était un fardeau pour plusieurs de nous, devint infiniment plus précieuse à tous. Les fronts mornes et silencieux commencèrent à se dérider; les ennemis fraternisèrent; les avares cherchèrent à faire oublier leur égoïsme et leur cupidité; les Dames furent un peu moins maussades; les enfans sourirent pour la première fois depuis notre naufrage; en un mot, tout le monde parut passer d'un état d'abattement et de tristesse à une gaîté naissante. Je crois même, que le marin chanta sa maîtresse.

Cette journée fut heureuse pour nous: quelques instans après notre délicieux repas, nous vimes arriver près de nous plusieurs Mauresses qui nous apportaient du lait et du beurre; de sorte que nous eûmes des rafraîchissemens en abondance. Il est vrai que nous les payâmes un peu cher : car le verre de lait ne coûtait pas moins de trois francs. Après un repos d'environ deux heures, notre caravane se remit en route.

Sur les six heures du soir, mon père se trouvant extrêmement fatigué, voulut se reposer. Nous laissâmes aller la caravane, et nous restâmes ma belle-mère et moi auprès de lui, pendant que les autres personnes de notre famille marchaient en avant avec nos ânes; mais bientôt le sommeil nous surprit tous les trois. A notre réveil, nous fûmes tout étonnés de ne plus voir nos compagnons. Le soleil allait se plonger dans l'Océan, et mon père se désespérait d'avoir eu l'imprudence de s'endormir, lorsque nous vîmes venir à nous plusieurs Maures montés sur des chameaux. Leur aspect nous causa une grande frayeur, et nous au-

rions bien voulu les fuir: mais ma belle-mère et moi, nous tombâmes comme évanouies. Ces Maures à longues barbes étant arrivés auprès de nous, l'un d'eux mit pied à terre, et nous adressant la parole, il nous dit en fort bon français:
« Rassurez-vous Mesdames! Sous ce cos-
« tume arabe vous voyez un Anglais qui
« vient à votre secours. J'ai appris au
« Sénégal que des Français avaient été
« jetés dans ces déserts, et comme je
« connais plusieurs princes de ces arides
« contrées, j'ai pensé que ma présence
« pourrait vous être utile ». Ces paroles nobles, sorties de la bouche d'un homme que nous avions d'abord pris pour un Maure, nous rassurèrent aussitôt. Revenues de notre effroi, nous nous levâmes pour témoigner au philantrope anglais tous les sentimens de reconnaissance dont nous étions pénétrées. M. Carnet (c'est le nom de ce généreux Anglais) nous

apprit que notre caravane, qu'il avait rencontrée, nous attendait à deux lieues de l'endroit où nous étions. Il nous offrit ensuite quelques biscuits que nous mangeâmes, et nous partîmes tous ensemble, pour aller rejoindre nos compagnons de voyage. M. Carnet voulut nous faire monter sur ses chameaux, mais nous ne pûmes jamais nous résoudre, ma belle-mère et moi, à nous asseoir sur les bosses velues de ces animaux ; nous marchâmes donc encore sur la plage humide, tandis que mon père, M. Carnet et les Maures qui l'accompagnaient, étaient montés sur les chameaux. Nous arrivâmes bientôt à une petite rivière nommée dans le pays, *Marigot-des-Maringoins*. Nous voulûmes boire de ses eaux, mais elles étaient aussi salées que celle de la mer; M. Carnet nous dit de prendre patience, et que nous en trouverions à l'endroit où notre caravane nous attendait. Nous traversâmes cette petite rivière à gué, ayant de l'eau jusqu'aux genoux. Enfin, après avoir marché encore environ une heure, nous rejoignîmes nos compagnons qui se reposaient auprès de plusieurs petits puits d'eau douce. On résolut de passer la nuit en cet endroit, qui paraissait moins aride que tous ceux que nous venions de parcourir. On proposa aux soldats, d'aller chercher quelques branches de bois pour allumer du feu, afin d'éloigner les bêtes féroces que nous entendions rugir dans les environs, mais ils s'y refusèrent. M. Carnet nous rassura, en nous disant que les Maures qui étaient avec lui, sauraient bien éloigner de notre camp tous les animaux dangereux. En effet, durant toute la nuit, ces bons Arabes se promenèrent autour de notre caravane, en poussant par intervalle, des cris semblables à ceux qui nous avaient tant effrayés la nuit précédente, lorsque nous étions au camp du généreux *Amet*.

Nous passâmes une très-bonne nuit ; à quatre heures du matin, nous nous remîmes en marche en longeant le rivage de la mer. M. Carnet nous quitta pour tâcher de nous procurer quelques provisions. Jusque-là, nos ânes avaient paru assez dociles ; mais ennuyés de voyager si long-temps sans manger, ils nous refusèrent leur service. Une quinte leur passa par la tête, et tous au même instant, jetèrent leurs cavaliers sur le sable ou dans des buissons épineux. Cependant les Maures qui nous accompagnaient, nous aidèrent à reprendre nos montures indociles qui avaient déjà pris la fuite, et nous nous replaçâmes sur les dures vertèbres de ces animaux têtus. A midi, la chaleur devint si forte, que les Maures, mêmes la supportaient avec peine ; ce qui nous détermina à aller chercher de l'ombrage derrière les hautes dunes qui paraissaient dans l'intérieur; mais combien fut pénible la marche que nous fîmes pour y arriver ! Les sables étaient on ne peut pas plus brûlans ; nous avions été obligés de laisser nos ânes sur le bord de la mer, parce qu'ils ne voulaient plus ni avancer ni reculer ; la plupart d'entre nous étaient sans souliers et sans chapeaux ; cependant il fallut faire à pied près d'une grande lieue, pour trouver un peu d'ombrage. La chaleur que réfléchissaient les sables du désert, ne peut être comparée qu'à celle qu'on éprouve à la bouche d'un four, au moment où l'on en tire le pain. Nous la supportâmes néanmoins, mais non pas sans maudire ceux qui avaient été la première cause de tous nos maux. Arrivés derrière les buttes que nous cherchions, nous nous étendîmes sous un Mimosa-Gommier (Accacia du désert); plusieurs cassèrent des branches d'Asclépia et s'en firent un ombrage. Mais, soit le défaut d'air, soit la chaleur du sol sur lequel nous étions couchés, nous fûmes presque tous suffoqués. Pour moi, je crus que ma dernière heure était arrivée. Déjà mes yeux ne voyaient plus qu'à travers un sombre nuage, lorsque le nommé Borner, qui devait être forgeron au Sénégal, me présenta une botte contenant un peu d'eau bourbeuse qu'il avait eu la précaution de conserver. Aussitôt je saisis ce vase élastique, et me hâtai d'en avaler le liquide à grandes gorgées. Un de nos compagnons également tourmenté par la soif, jaloux du plaisir que je paraissais goûter, et que je goûtais effectivement, tira le pied de la botte et s'en empara à son tour, mais il n'en profita pas : l'eau qui restait, était si dégoûtante, qu'il ne put en boire et la répandit par terre. Le capitaine Bégnère qui était présent, jugeant par cette eau répandue, combien devait être bourbeuse celle que j'avais bue, m'offrit quelques miettes de biscuit qu'il conservait précieusement dans sa poche. Je mâchai ce mélange de pain, de poussière et de tabac, mais je ne pus l'avaler, et le donnai tout broyé à l'un de mes jeunes frères qui tombait d'inanition.

Nous nous disposions à quitter ce lieu brûlant, lorsque nous apperçûmes notre généreux Anglais qui nous apportait des provisions. A cette vue, je sentis renaître le courage au fond de mon cœur, et je cessai de désirer la mort que j'avais auparavant appelée à mon secours. Plusieurs Maures accompagnaient M. Carnet, et tous étaient chargés. Aussitôt leur arrivée, nous eûmes de l'eau, du riz et du poisson sec en abondance. Tout le monde but sa ration d'eau, mais peu de personnes eurent la force de manger, quoique le riz fût excellent. Chacun désirait retourner sur les bords de la mer, afin de se baigner ; toute la caravane se mit en route à travers les brâsiers du Sahara. Enfin, après une heure de marche et de souffrances, nous retrouvâmes le rivage ainsi que nos ânes qui étaient couchés dans les flots. Nous nous jetâmes tous dans les premiers brisans, et après un bain d'une demi-heure, chacun se reposa sur le rivage. Ma cousine et moi, nous allâmes nous coucher auprès d'une petite élévation, où nous nous fîmes un ombrage avec quelques mauvaises hardes qu'on nous avait prêtées. Ma cousine portait un habit d'uniforme dont les galons plurent singulièrement aux Maures de M. Carnet ; à peine fûmes-nous couchées que l'un d'eux, croyant nous trouver endormies, vint pour tâcher de les arracher ; mais voyant que nous ne dormions pas, il se contenta de les examiner fort attentivement.

Tel est le petit incident qu'il a plu à MM. Corréard et Savigny dans leur relation du naufrage de la *Méduse*, de raconter avec des circonstances toutes différentes. Croyant sans doute le rendre plus intéressant ou plus amusant; ils disent qu'un Maure de ceux qui servaient de guides, soit par curiosité, soit par tout autre sentiment, s'approcha de l'ainée des demoiselles Picard pendant qu'elle dormait, et qu'après avoir examiné ses formes, il souleva le voile qui couvrait sa poitrine, y fixa attentivement ses regards, resta pendant quelques instans comme un homme vivement étonné, s'en approcha ensuite de très-près, mais n'osa cependant pas y toucher ; qu'après l'avoir bien observée, il laissa tomber le voile et revint à sa place, où, tout joyeux, il raconte à ses camarades ce qu'il venaît de voir ; que plusieurs Français s'étant apperçu de la démarche du Maure, en firent part à M. Picard qui se décida (d'après les offres obligeantes des officiers) à revêtir ces Dames d'habits militaires, ce qui, par la suite, prévint toute tentative de la part des habitans du désert. Hé bien ! Je demande pardon à MM. Corréard et Savigny ; mais il n'y a pas un mot de vrai dans tout cela. Comment ces Messieurs ont-ils pu voir de leur Radeau, ce qui se passait le 12 juillet sur la côte du désert de Sahara ? et si c'est d'après le rapport de quelques personnes de notre caravane, qu'ils ont inséré cette anecdote dans leur ouvrage, qui renferme d'ailleurs plusieurs autres inexactitudes, je crois devoir leur apprendre qu'ils ont été trompés.

Sur les trois heures, les vents de nord-ouest nous ayant donné un peu de fraîcheur, la caravane se remit en route ;

notre généreux Anglais prit encore le devant pour tâcher de nous procurer des vivres. A quatre heures, le ciel se couvrit de nuages, et nous entendîmes gronder le tonnerre dans le lointain. Tout nous annonçait un grand orage qui heureusement n'éclata point. Nous arrivâmes sur les sept heures au lieu où nous attendait M. Carnet, qui venait de nous acheter un bœuf. Là, nous quittâmes les bords de la mer pour aller dans l'intérieur, trouver de quoi faire cuire notre souper. Notre camp fut établi à l'entrée d'un petit bois de Gommiers, auprès duquel étaient plusieurs puits ou citernes d'eau douce. Bientôt le bœuf fut abattu, dépouillé, dépecé et distribué. On alluma de grands feux, et chacun s'occupa de son souper. Dans ce moment, j'avais une forte fièvre; cependant je ne pus m'empêcher de rire en voyant tout ce monde assis auprès de grands brâsiers, tenant chacun son morceau de bœuf au bout d'une bayonnette, d'un sabre ou de quelque bois pointu. La réverbération de nos feux sur tous ces différens visages, hâlés et couverts de longues barbes, rendue plus brillante par l'obscurité de la nuit, jointe au bruit des vagues de l'Océan et des rugissemens des bêtes féroces que nous entendions au lointain, présentait un spectacle tout-à-la fois comique et imposant. Si un David ou un Girodet nous voyait, me disais-je, nous serions bientôt représentés sur la toile aux Galeries du Louvre, comme de vrais Cannibales; et les jeunes Parisiens qui ne savent pas combien on a de plaisir à dévorer une poignée de pourpier sauvage, à boire de l'eau bourbeuse dans une botte, à manger de la viande rôtie à la fumée, combien enfin on est heureux de pouvoir se rassasier, quand on est affamé dans les déserts brûlans de l'Afrique, ne voudraient jamais croire que parmi ces demi-sauvages, il s'en trouve plusieurs qui sont nés sur les bords de la Seine.

Pendant que ces pensées roulaient dans mon esprit, le sommeil s'empara de mes sens, et je m'endormis. M'étant réveillée au milieu de la nuit, je trouvai ma portion de bœuf dans les souliers qu'un vieux matelot m'avait prêtés pour traverser les épines. Quoique cette viande fût un peu brûlée et fortement imprégnée de l'odeur de l'assiette qui la contenait, j'en mangeai une grande partie, et je donnai l'autre au matelot qui avait eu la bonté de me prêter sa chaussure. Ce marin, voyant que j'étais malade, m'offrit en échange de ma viande, un peu de bouillon qu'il avait eu l'adresse de faire dans une petite boîte de fer-blanc. Je le priai de me donner un peu d'eau s'il en avait ; aussitôt il alla m'en chercher plein son chapeau. Ma soif était si grande, que je bus dans le crasseux vase, sans la moindre répugnance.

Peu de temps après, tout le monde s'éveilla, et l'on se mit sur le champ en route, afin d'arriver de bonne heure au Sénégal. Vers les sept heures du matin, me trouvant un peu en arrière de la caravane, je vis venir à moi plusieurs Maures armés de lances. Un petit mousse âgé de dix à douze ans, qui marchait à quelques pas de moi, s'arrêta et me dit d'un air effrayé : » Ah mon Dieu, » mademoiselle ! voilà des Maures qui » viennent, et la caravane est déjà bien » loin ; s'ils allaient nous emmener ? » Je lui dis de ne pas avoir peur, quoi qu'au fond je ne fusse guère plus rassurée que lui. Bientôt ces Arabes du désert arrivèrent auprès de nous. L'un d'eux s'avança d'un air farouche et arrêta mon âne, en m'adressant dans son langage barbare, plusieurs paroles qu'il accompagna de gestes menaçants. Mon petit mousse ayant pris la fuite, je me mis à pleurer : car ce Maure s'opposait toujours à la marche de mon pauvre âne, qui peut-être était bien aise de se reposer un peu. Cependant aux gestes qu'il me faisait, je crus qu'il me demandait où j'allais, et je me mis à crier de toutes mes forces : *ndar ! ndar!* (Sénégal) seul mot africain que je connusse alors. A ce mot, le Maure lâcha la bride de ma monture, en lui faisant sentir, ainsi qu'à mes épaules, toute la pesanteur du manche de sa lance, et alla rejoindre ses camarades qui riaient aux éclats. Pour moi, bien contente d'en être quitte pour la peur, quelques *ndar*, et le régal du coup de bâton, qui n'avait sans doute été destiné qu'à mon âne, je me hâtai de rejoindre la caravane. Je racontai mon aventure à mes parens qui ignoraient que je fusse restée en arrière ; ils me réprimandèrent comme ils le devaient, et je promis bien de ne plus les quitter.

Sur les neuf heures, nous rencontrâmes près du rivage de la mer, une grande quantité de troupeaux, que de jeunes Maures faisaient paître. Ces bergers nous vendirent du lait, et l'un d'eux offrit de prêter un âne à mon père, moyennant un couteau qu'il lui avait vu tirer de sa poche. Mon père ayant accepté la proposition, ce Maure quitta ses camarades pour nous accompagner jusqu'au fleuve du Sénégal, dont nous étions encore éloignés de deux grandes lieues. Dans la matinée, il arriva une aventure qui aurait pu avoir des suites fâcheuses, mais elle ne fut que plaisante : le chef de timonerie de la *Méduse* s'étant endormi sur le sable, un Maure trouva le moyen de lui voler son sabre. Le Français s'éveillant aussitôt, reconnaît le voleur qui se sauvait avec son larcin, et se met à le poursuivre, en poussant des juremens horribles. L'Arabe se voyant poursuivi par un Européen furieux, revient sur ses pas, se met à genoux, et dépose aux pieds du timonier le sabre qu'il lui avait volé. Celui-ci, touché de cette marque de confiance ou de repentir, lui donna volontairement le sabre. Nous étions restés plusieurs, pour voir comment se terminerait cette scène, tandis que la caravane marchait toujours en avant. Tout-à-coup, nous la vîmes quitter les bords de la mer. Nos compagnons paraissaient tout transportés de joie. Quelques-uns accoururent au-devant de nous, et nous apprirent qu'étant montés sur une petite élévation, ils avaient apperçu le fleuve du Sénégal très-près de-là. Nous hâtâmes notre marche, et pour la première fois depuis notre naufrage, un tableau riant vint s'offrir à notre vue. Les arbres toujours verts dont ce beau fleuve est ombragé, les colibris, les merles rouges, les perroquets, les promerops, etc., qui voltigeaient sur leurs flexibles rameaux, nous causèrent des transports difficiles à exprimer. Nous ne pouvions nous lasser d'admirer la beauté de ces lieux. La verdure est si agréable à la vue, sur-tout, quand on vient de parcourir un aride désert! Avant d'arriver aux bords du fleuve, il nous fallut descendre une petite colline couverte d'arbrisseaux épineux. Mon âne, par un faux-pas qu'il fit, me jeta au milieu d'un buisson; je me déchirai la peau en plusieurs endroits, mais je me consolai facilement de ce petit accident, quand je me vis enfin sur le rivage d'un fleuve d'eau douce. Tout le monde s'étant désaltéré, nous nous couchâmes sous l'ombrage d'un petit bosquet, tandis que le bienfaisant anglais M. Carnet et deux de nos officiers s'acheminaient vers le Sénégal, pour aller annoncer notre arrivée, et demander des canots. Pendant ce temps, les uns prirent un peu de repos, les autres s'occupèrent à nettoyer les plaies dont ils étaient couverts.

A deux heures de l'après midi, nous vîmes un petit canot qui remontait à force de rames les eaux rapides du fleuve. Bientôt, il arriva près du rivage où nous étions. Deux Européens sautent à terre, saluent notre caravane, et demandent mon père. L'un d'eux nous dit, qu'ils venaient de la part de MM. Artigue et Labouré, habitans du Sénégal, offrir des secours à notre famille; l'autre ajouta qu'ils n'avaient pas voulu attendre les embarcations qu'on nous préparait à l'île Saint-Louis, sachant trop quels devaient être nos besoins. Nous voulûmes leur faire nos remercîmens, mais ils ne nous en donnèrent pas le temps. Ils coururent aussitôt à leur canot, pour nous apporter les provisions que les anciens amis de mon père nous envoyaient. Ils déposèrent devant nous, une grande corbeille dans laquelle se trouvaient plusieurs petits pains frais, du fromage, une cruche de vin de Madère, une cruche d'eau filtrée, des robes et un habillement pour mon père. On pense bien que toutes les personnes qui pendant le voyage avaient pris quelque intérêt à notre malheureuse famille, et sur-tout le brave capitaine Bégnère, eurent part à la distribution de ces provisions, que nous fîmes sur le champ. Nous éprouvâmes une véritable satisfaction à les partager avec eux et à leur donner cette faible marque de notre reconnaissance.

Un jeune aspirant de marine, que la faim pressait, nous ayant demandé du pain, nous nous empressâmes de lui en donner et d'y ajouter même un petit verre de Madère, quoique nous n'eussions pas oublié ses mauvais procédés et le refus qu'il nous avait fait, d'un verre d'eau dans le désert.

Il était quatre heures, lorsque les Canots du gouvernement arrivèrent; nous nous y embarquâmes tout de suite. Dans chaque Canot se trouvaient du biscuit et du vin, de sorte que tout le monde se rafraîchit aussitôt.

Celui dans lequel notre famille entra, était gouverné par M. Artigue, capitaine de port, et un de ceux qui nous avaient envoyé des provisions. Mon père et lui s'embrassèrent comme deux vieux amis qui ne se sont pas vus depuis huit ans, se félicitant de ce que le sort leur permettait encore de se revoir avant de mourir. Nous avions déjà fait près d'une lieue sur le fleuve, quand tout-à-coup, un jeune commis de Marine (M. Mollien), se trouva atteint d'une forte indigestion. Nous gagnâmes le rivage, et nous le déposâmes sur le sable, en lui laissant un nègre pour le conduire au Sénégal, quand il serait remis de son indisposition. Bientôt la ville de Saint-Louis, se présenta devant nous. De loin le coup-d'œil en est agréable; mais à mesure qu'on en approche, l'illusion disparaît, et on la voit telle qu'elle est en effet ; c'est-à-dire, sale, assez mal bâtie, pauvre, et remplie de huttes de paille noircie par la fumée. A six heures du soir, nous arrivâmes au port Saint-Louis. Ce serait envain que j'essayerais de peindre les diverses émotions de mon cœur dans ce délicieux moment. Je crois que toute la colonie, si l'on en excepte MM. Schmaltz et Lachaumareys, était sur le port pour nous recevoir à notre débarquement. M. Artigue descendit le premier, afin de prévenir le Gouverneur anglais de notre arrivée ; il le rencontra venant à cheval au-devant de nous, suivi de notre généreux conducteur M. Carnet, et de plusieurs officiers supérieurs. Nous descendîmes à terre portant dans nos bras nos jeunes frères et sœurs. Mon père nous présenta au Gouverneur anglais, qui était descendu de cheval. Il parut très-sensiblement affecté de nos malheurs ; les femmes et les enfans surtout excitèrent vivement sa pitié. Tous les habitans indigènes et européens pressaient affectueusement la main de chacun des naufragés ; les nègres esclaves même s'approchaient de nous et déploraient notre malheureux sort.

Le Gouverneur fit placer à l'hôpital les plus malades de nos compagnons d'infortune ; plusieurs habitans de la colonie reçurent les autres dans leurs maisons. M. Artigue se chargea obligeamment de toute notre famille. Arrivés chez lui, nous y trouvâmes son épouse, ses deux demoiselles, et une jeune dame anglaise qui le pria avec instance de lui laisser aussi exercer l'hospitalité. Elle nous prit donc, ma sœur Caroline et moi, et nous conduisit dans sa maison, où elle nous présenta à son mari, qui nous reçut de la manière la plus affable. On nous fit entrer dans un cabinet de toilette, où nous fûmes peignées, décrassées, nétoyées et pommadées par les négresses domestiques ; cette obligeante dame nous fournit du linge et des vêtemens de sa garde-robe, dont la blancheur contrastait singulièrement avec le grand hâle de notre teint. Au milieu de nos infortunes, mon âme avait conservé toute sa force ; ce changement subit de situation, m'affecta au point, que je crus que mes facultés intellectuelles allaient m'abandonner. Lorsque je fus un peu revenue de mon abattement, notre généreuse hôtesse nous conduisit dans le salon, où nous trouvâmes son mari et plusieurs officiers anglais, qui allaient se mettre à table. Ces messieurs nous engagèrent à partager leur repas; mais nous ne prîmes que du thé et quelques pâtisseries. Parmi ces anglais, se trouvait un jeune français qui parlait assez bien leur langue; il nous servit d'interprête. On nous demanda le récit de notre naufrage, et de tous nos malheurs; nous le fîmes en peu de mots; chacun était étonné que des femmes et des enfans eussent pu supporter tant de fatigues et de misères. Nous étions si peu remises de notre agitation, qu'à peine entendions-nous les questions qu'on nous faisait ; nous avions sans cesse devant les yeux, les vagues écumantes de la mer, et l'immense étendue de sable que nous venions de parcourir.

Comme l'on s'apperçut que nous avions besoin de repos, tout le monde se retira, et notre digne anglaise nous fit mettre dans un lit, où nous ne fûmes pas plutôt, que nous dormîmes d'un profond sommeil.

CHAPITRE X.

Les Anglais refusent de rendre la colonie du Sénégal aux Français. — Toute l'expédition française est obligée d'aller camper sur la presqu'île du Cap-Vert. — La famille Picard obtient du Gouverneur anglais, la faveur de rester au Sénégal. — Pauvreté de cette famille. — Secours qu'elle reçoit. — Entreprise de M. Picard. — Reddition de la colonie aux Français. — Description du Sénégal et de ses environs.

Le lendemain à notre réveil, vers neuf heures du matin, nous nous sentîmes presqu'entièrement remises de toutes nos fatigues. Nous nous levâmes aussitôt et après avoir fait une petite toilette, nous présentâmes nos devoirs à M. et Madame Kingsley (c'est le nom de nos généreux hôtes); nous allâmes ensuite voir nos parens, et retournâmes auprès de nos hôtes, qui nous attendaient pour déjeuner. Comme ils étaient peu familiarisés avec la langue française, et que nous ne savions pas un mot d'anglais, la conversation pendant le repas fut souvent embarrassée. Après le déjeuner, on nous apprit que le Gouverneur anglais n'avait pas encore reçu l'ordre de remettre la colonie aux Français, et qu'en attendant qu'elle leur fut rendue, toute l'expédition française devait se rendre à la presqu'île du Cap-Vert, située à cinquante lieues du Sénégal. Cette nouvelle nous affligea beaucoup; mais notre affliction fut à son comble, lorsque mon père vint nous apprendre que le Gouverneur français, M. Schmaltz, lui avait enjoint de quitter le Sénégal avec toute sa famille, et d'aller habiter le Cap-Vert, jusqu'à nouvel ordre. M. et Madame Kingsley vivement touchés des malheurs que notre famille avait déjà éprouvés, nous assurèrent que nous ne les quitterions point, et qu'ils se chargeaient d'en obtenir la permission du Gouverneur anglais. En effet, le jour suivant, ce Gouverneur nous fit dire par son aide-de-camp, que vu l'état malheureux où se trouvait notre famille, nous pouvions rester au Sénégal, et qu'il avait permis à tous les naufragés de la *Méduse* d'y demeurer. Cette nouvelle marque de la bienveillance du Gouverneur anglais nous tranquillisa. Nous restâmes donc paisiblement chez nos bienfaiteurs; mais une grande partie de nos malheureux compagnons d'infortune, craignant s'ils restaient au Sénégal, de désobéir au Gouverneur français, s'embarquèrent pour le Cap-Vert, où la famine et la mort les attendaient. Notre famille demeura près de vingt jours chez nos hôtes bienveillans, MM. Artigue et Kingsley ; mais mon père, dans la crainte que nous ne leur devinsions trop à charge par les dépenses extraordinaires qu'ils faisaient chaque jour pour nous, loua un petit appartement, et dans les premiers jours d'août, nous allâmes l'habiter au grand regret de nos généreux hôtes, qui auraient voulu nous garder chez eux, jusqu'à la reddition de la colonie. Lorsque nous fûmes installés dans notre petit réduit, mon père s'adressa à M. le gouverneur Schmaltz, afin d'obtenir des vivres du magasin général de l'Administration française ; mais, fâché de l'accueil que nous faisaient les Anglais, ce Gouverneur dit à mon père, qu'il ne pouvait lui rien accorder. Cependant plusieurs Français, qui comme nous, étaient restés au Sénégal, recevaient chaque jour leur ration, ou bien ils étaient admis à la table de M. D..... chez qui mangeaient aussi le Gouverneur, sa famille et son État-major. Il faut dire ici, que ce même M. D..... fit au Gouverneur de fortes avances en vivres et en argent, qu'on évaluait à 50,000 francs, et que suivant l'opinion générale, il trouva le moyen en faisant ces avances, de se procurer un petit bénéfice au moins de 100 pour 100. Il reçut de plus, à la demande du Gouverneur, la décoration de la Légion d'Honneur. Mais je reviens à ce qui nous concerne. Mon père n'ayant donc rien pu obtenir, ni du gouverneur Schmaltz, ni de M. D..... il fut obligé d'emprunter quelque argent pour pouvoir nous faire subsister. Nous nous réduisîmes à la nourriture des Nègres, attendu que nos moyens ne nous permettaient point d'acheter du pain à 15 sous la livre, et du vin à 3 francs la bouteille. Cependant nous étions contens et parfaitement résignés à notre sort, lorsqu'un officier anglais M. le major Peddie, vint nous visiter précisément, au moment où toute notre famille était à table. Cet officier étonné de voir un employé supérieur de l'Administration française, dîner avec un plat de *Kouskou*, dit à mon père : « Comment « Monsieur Picard ! vous êtes employé « par votre Gouvernement, et vous vous « nourrissez si mesquinement ? » Mon père mortifié, de ce qu'un étranger voyait notre misère, sentit couler ses larmes ; mais prenant aussitôt un ton ferme et assuré, il dit à l'officier anglais : « Sa- « chez, Monsieur, que je ne rougis point « de ma misère, et que vous avez tort « de me la reprocher. Il est vrai que je « ne peux pas me nourrir comme les « autres Européens de la colonie, mais « je ne me crois pas pour cela, plu mal- « heureux. J'ai demandé à l'homme qui

« représente mon Souverain dans cette
« contrée, les rations de vivres auxquelles
« j'ai droit; il a eu l'inhumanité de me
« les refuser. Eh bien ! je sais m'en pas-
« ser et ma famille aussi. » A ces mots,
le major Peddie touché de notre malheureuse situation, et fâché sans doute,
de nous avoir humiliés, quoique ce ne fût
certainement pas son intention, nous sa-
lua et se retira.

Le lendemain, dès le grand matin,
nous reçûmes la visite de M. Dubois,
maire de la ville de Saint-Louis du Sénégal. Ce bon et vertueux magistrat nous
dit, qu'il venait de la part du Gouverneur
anglais, nous offrir des secours, c'est-à-
dire la ration d'officier, qui consistait en
pain, vin, viande, sucre, café etc., etc.
Comme mon père n'avait pu obtenir aucun secours du gouverneur Schmaltz, il
crut devoir accepter ce que le Gouverneur
anglais lui offrait si généreusement. Nous

remerciâmes M. Dubois, et quelques heures après, nous vîmes arriver chez nous, des vivres en quantité.

Si mon père s'était fait quelques ennemis parmi les auteurs du naufrage de la *Méduse* et de l'abandon du Radeau, il avait en récompense de bons et vrais amis, dans les anciens habitans du Sénégal, qui, comme lui, déploraient le sort des malheureux qu'on avait abandonnés au milieu de l'Océan. Parmi les nombreux amis et bienfaiteurs de mon père, je dois citer particulièrement, les maisons Pellegrin, Derneville, Lamotte, Dubois, Artigue, Feuilletaine, Labouré, Valentin, Débonnet, Boucaline, Waterman etc. Et à dire vrai, tous les habitans du Sénégal, si l'on en excepte une seule Maison, étaient disposés à nous être utiles. De pauvres nègres de la grande terre, ayant appris nos malheurs, venaient nous offrir une part de leur petite récolte; les uns nous donnaient des haricots, les autres nous apportaient du lait, des œufs etc.; en un mot, tous nous offrirent quelques secours, lorsqu'ils eurent appris l'état de détresse où notre naufrage nous avait réduits.

Environ un mois après notre arrivée au Sénégal, nous allâmes visiter les îles de Babaguey et de Safal, situées à près de deux lieues de la ville de Saint-Louis. La première de ces îles avait été concédée à M. Artigue, qui l'avait mise en culture. L'autre avait été donnée à mon père en 1807; il y avait semé environ cent mille pieds de cotonniers, lorsque la prise du Sénégal par les Anglais, en 1809, le força d'abandonner tous ses projets, et de revenir en France.

Que celui qui a vu les campagnes d'Europe, et admiré le beau sol de la France, ne s'attende pas à jouir du même spectacle au Sénégal! Partout la nature s'y montre sous un aspect sauvage et aride ; partout les sédimens d'une terre déserte et brûlée s'offrent à vos yeux, et ce n'est qu'à force de soins et de travaux assidus, qu'on peut tirer quelques productions de cette terre ingrate. Tous les cotonniers que mon père avait semés dans son île de Safal, avaient été dévorés par les bestiaux pendant son absence : il n'en retrouva pas un seul pied. Il se proposa dès lors de recommencer les premiers défrichemens. Après avoir parcouru l'île de Safal, nous allâmes dîner à l'habitation de M. Artigue, située sur l'île de Babaguey, où nous passâmes le reste de la journée ; le soir nous revînmes à la ville du Sénégal. Quelques jours après cette promenade, mon père voulut essayer, si les plantes dont son île était couverte, seraient propres à faire de la potasse. Il s'arrangea avec un habitant du Sénégal, qui lui loua des nègres et un canot, pour le transport des cendres des plantes qu'on brûlerait. Une galerie couverte que nous avions dans la petite maison que nous habitions, nous parut très-propre à recevoir les ustensiles nécessaires à notre fabrique. Ce fut là, que nous plaçâmes nos chaudières. Nous voilà donc fabriquans de potasse, en attendant la reddition de la colonie. Les premiers essais nous donnèrent de l'espoir. Nos cendres produisaient une potasse d'une belle couleur, et nous ne doutions plus d'une grande réussite, quand nous en aurions envoyé en France un échantillon. Nous en fîmes quatre barriques environ ; mon père en envoya une caisse à un de ses amis de Paris, pour en faire l'analyse. En attendant la réponse du chimiste qui devait prononcer sur la qualité de notre potasse, mon père loua trois nègres pour commencer les défrichemens de son île de Safal : il y alla lui-même pour diriger les premiers travaux, mais il tomba bientôt malade de fatigue; heureusement sa maladie ne fut pas longue ; au mois de décembre, il était entièrement rétabli. A cette époque, partit du Sénégal l'expédition anglaise pour l'intérieur de l'Afrique; elle était commandée par le major Peddie, celui qui prodigua tant de secours aux malheureux naufragés de la *Méduse*. Ce digne philantrope Anglais mourut quelque temps après son départ : nous le regrettâmes vivement.

Dans les premiers jours de janvier 1817, la colonie du Sénégal fut rendue aux Français. Les Anglais partirent, les uns pour l'Angleterre, les autres pour les colonies de Sierra-Leone, et du Cap-de-Bonne-Espérance ; et la France rentra dans toutes ses possessions des côtes occidentales de l'Afrique. Nous restâmes encore un mois dans notre premier logement ; ensuite nous en louâmes un plus considérable. Mon père commença alors à remplir ses fonctions de *Greffier-Notaire*, et nous reçûmes enfin des vivres du Gouvernement Français. La maison que nous habitions était vaste, et les logemens bien distribués, mais l'emploi que mon père occupait n'était guère compatible avec la tranquillité que nous aurions désirée. Pour nous soustraire au bruit et aux conversations tumultueuses des personnes qui sans cesse venaient au greffe, nous nous fîmes construire une petite case de roseaux, au milieu de notre jardin qui était fort grand. C'était là que nous passions une grande partie de la journée, ma sœur, ma cousine et moi. Nous commençâmes dès-lors à voir peu de monde, et à ne rendre que les visites indispensables. Tous les dimanches la famille allait à l'île de Safal, où nous passions très-agréablement la journée ; mais autant ce jour nous paraissait court à la campagne, autant les six autres jours de la semaine nous paraissaient longs et ennuyeux au Sénégal. Ce pays était si peu fait pour des personnes de notre âge, que nous tourmentions continuellement mon père, pour qu'il nous renvoyât en France. Mais comme il avait toujours de grands projets sur la fabrication de la potasse, il nous faisait entendre que nous lui serions très-utiles dans la suite, pour surveiller les ouvriers de sa fabrique.

C'est ici le moment de donner une description abrégée du Sénégal et de ses environs, pour que le lecteur soit plus à même d'apprécier ce que j'aurai à dire dans a suite.

Les voyageurs qui ont écrit sur l'Afrique, ont fait un tableau trop magnifique du pays connu sous le nom de Sénégal. Apparemment que fatigués d'une longue et ennuyeuse traversée, ils auront été charmés à l'aspect de la première terre sur laquelle ils pouvaient se reposer. Cette première impression prend toutes les couleurs de la réalité chez l'observateur superficiel, ou qui ne fait que passer; mais s'il y reste quelque temps, l'illusion se détruit, et le Sénégal lui paraît tel qu'il est en effet; c'est-à-dire, un pays brûlant, aride, mal sain, et dépourvu des végétaux les plus nécessaires à la nourriture de l'homme et à la conservation de sa santé.

La ville de Saint-Louis qu'on nomme aussi Sénégal, parce qu'elle est le chef-lieu de tous les Etablissemens français sur cette côte, est bâtie sur une petite île ou banc de sable formé au milieu du fleuve du Sénégal et à deux lieues de son embouchure. Elle a deux mille toises de long, sur trois cents de large. Les naturels du pays l'appellent *Ndar* ;

et *Ba-Fing* ou Rivière-Noire, le fleuve qui l'arrose. Ce dernier nom répond à celui de Niger que les anciens géographes ont donné à ce fleuve.

La population de Saint-Louis est d'environ dix mille âmes, dont cinq cents européens, deux mille nègres ou mulâtres libres, et à-peu-près sept mille cinq cents esclaves. Il n'y a guère à Saint-Louis que cent-cinquante maisons bâties à l'européenne. Le reste des habitations se compose de simples cases de roseaux ou huttes de paille qu'une légère étincelle peut faire disparaître en un moment, ainsi que les maisons de brique qui les avoisinnent. Les rues sont larges, mais non pavées. La plupart sont tellement remplies de sable, que les vents et les ouragans apportent des déserts du Sahara, qu'il est presqu'impossible d'y marcher lorsque les vents d'est soufflent; ce sable fin et brûlant semble se dissoudre dans l'air : on le respire, on le mange avec les alimens ; en un mot, il pénètre partout. Les rues étroites et peu fréquentées en sont souvent obstruées. Plusieurs maisons de la ville sont assez jolies ; elles ont au plus un étage. Quelques-unes possèdent des galeries couvertes ; mais en général tous les toîts sont dans le goût oriental, c'est-à-dire, en forme de terrasse.

Les jardins du Sénégal, quoiqu'on en ait beaucoup vanté les légumes, sont en petit nombre et en très-mauvais état. Toute leur culture se borne à celle de quelques mauvais choux dévorés par les insectes, à une planche de radis amers, et à deux ou trois quarrés de salade fanée avant qu'elle soit bonne à manger. Mais il faut dire que ces végétaux sont trouvés exquis, parce qu'on n'en a pas de meilleurs. Cependant le jardin du Gouverneur possède plusieurs autres plantes, comme concombres, melons, carottes, œillet-d'inde, quelques plans d'ananas stériles, et même *des soucis*. Il y a encore dans ce jardin trois dattiers, une petite treille, et quelques jeunes plantes d'Amérique et de l'Inde. Mais tous ces végétaux sont rabougris, tant par la nature chétive du sol où ils végètent, que par les vents brûlans du désert qui souvent les dessèchent. Quelques-uns néanmoins qui se trouvent abrités par les murs, et que l'on a soin d'arroser souvent, sont un peu plus vigoureux.

Cinq à six arbres assez touffus (figuier des îles), sont plantés çà et là dans les rues; on voit aussi trois ou quatre Baobabs dont les feuilles sont dévorées par les nègres avant qu'elles soient développées (1), et un palmier du genre ron-

---

(1) Les nègres emploient la feuille du Baobab comme gluten, pour préparer leur Kouskou (*espèce de bouillie*).

dier qui sert de signal aux navires qui viennent du large.

A une lieue et demie de l'île Saint-Louis, on trouve l'île de Babaguey. Elle est presque entièrement cultivée; mais le sol en est si aride qu'il ne peut guère y croître que du coton. Il y a dans cette île, un poste militaire et un mât de signaux. MM. Artigue et Gansfort y possèdent chacun une petite habitation. La maison bâtie à l'européenne qu'on y voit, sert à loger le stationnaire et à recevoir les employés du Sénégal dans leurs parties de chasse.

L'île de Safal est située à l'est de celle de Babaguey dont elle n'est séparée que par un bras du fleuve. Cette île fut l'asyle que nous choisîmes dans la suite, pour nous soustraire à la misère, comme on le verra ci-après.

A l'est de l'île de Safal, se trouve la grande île de Bokos, dont la fertilité est bien supérieure à celle des trois précédentes. On voit dans celle-ci de vastes plaines de millet, de maïs, de coton et d'indigo de la plus belle espèce. Les nègres y ont établi plusieurs grands villages dont les habitans vivent dans une heureuse aisance.

Au nord de ces îles, et à l'est de celle du Sénégal, on trouve l'île de Sor, où réside une espèce de prince noir, auquel les Français ont donné le nom de Jean Bart. On rencontre dans cette île, généralement aride, des terres qui seraient susceptibles de recevoir quelques grandes plantations. M. Valentin, négociant à Saint-Louis, y a déjà fait planter quelques milliers de pieds de cotonnier qui sont de la plus grande beauté. Mais cette île étant très-exposée aux incursions des Maures du désert, il serait peut-être imprudent de s'y établir.

Une multitude d'autres îles formées par

les usurpations du fleuve sur la grande terre, avoisinnent celles dont je viens de parler, à plusieurs lieues de distance dans le nord et dans l'est. Elles sont en grande partie couvertes de marécages qu'il ne serait pas difficile de dessécher. C'est dans ces îles que croît le patriarche des végétaux, décrit par le célèbre Adanson, sous le nom de *Baobab*, et dont la circonférence s'étend souvent à plus de cent pieds.

Pusieurs autres îles plus ou moins étendues que les précédentes, s'élèvent sur le fleuve depuis Saint-Louis, jusqu'à *Podor*; la plupart sont peu ou point habitées, quoi que le sol soit beaucoup plus fertile que celui des îles qui avoisinent le Sénégal. Cette indifférence des nègres pour la culture de ces îles, s'explique par l'influence qu'on a laissé prendre aux Maures du désert de Sahara, sur toutes les habitations riveraines du Sénégal, dont ils enlèvent les habitans pour les vendre aux marchands négriers de l'île Saint-Louis. Il n'est plus douteux que l'abolition de la traite des noirs, et l'acquisition que la France vient de faire du pays de Dagana, ne détruisent bientôt la prépondérance de ces barbares du désert sur les bords du fleuve du Sénégal, et ne remettent les choses dans leur premier état, en permettant aux nègres ou aux colons français de s'établir dans ces contrées, et de jouir en paix du champ qu'ils auront ensemencé.

Parmi toutes ces îles, celle de *Tolde* qui a environ deux lieues de tour, paraît la plus convenable à un établissement tout à la fois agricole et militaire. La fertilité de son sol et sa situation entre les deux escales principales où se fait la traite de la gomme, lui donne le triple avantage de pouvoir nourrir la garnison qu'on y placerait, de protéger la traite et la navigation du fleuve, et d'empêcher les Maures d'enlever les nègres de leurs paisibles habitations. On a déjà fait à l'île de Tolde, des essais de plantations en caféyers, cannes à sucre, indigotiers, cotonniers qui ont parfaitement réussi. M. Richard, agriculteur botaniste pour le Gouvernement, vient d'y établir la pépinière générale des Etablissemens français. A Trois lieues de l'île de Tolde, en remontant le fleuve, se trouve le village de Dagana, situé sur la rive gauche, et à l'extrémité du royaume de Brak ou de Walo. C'est à ce village où les Français ont déjà un fort et plusieurs batteries, que commencent les Etablissemens agricoles français qui ne finissent qu'à six lieues de l'île Saint-Louis. Une grande partie de ces terres ont été concédées aux planteurs français qui y ont semé des cotonniers de la plus belle espèce, et qui promettent une branche de commerce immense pour la France. On cite surtout la plantation de M. Boucaline, comme étant la plus vaste et la mieux dirigée. Le Roi vient d'accorder à ce colon, une prime d'encouragement de 10,000 fr. A peu de distance de la plantation Boucaline se trouvent les terres de la concession royale couvertes de plus de dix mille pieds de cotonniers ; cette belle plantation fondée par les soins de M. Roger, actuellement gouverneur du Sénégal, est aujourd'hui dirigée par M. Rougemont dont le zèle est au-dessus de tous éloges.

Après le village de Dagana, en amont du fleuve, on arrive à l'île à Morfil, qui n'a pas moins de cinquante lieues de l'ouest à l'est, sur une largeur moyenne de huit à dix lieues. Les nègres de la république des *Peules*, y cultivent beaucoup de millet, de maïs, d'indigo, de coton et de tabac. Le pays des nègres

Peules a une étendue d'environ cent-vingt lieues de long, sur trente de large. C'est un démembrement de l'ancien empire des nègres Wolofs, qui comprenait autrefois tous les pays situés entre la rivière du Sénégal et celle de Gambie. Le pays des *Peules* n'est arrosé que par une branche du fleuve Sénégal, qu'on nomme rivière à Morfil; mais semblable à la Basse-Egypte, il doit son extrême fertilité aux débordemens annuels et périodiques du fleuve. L'abondance surprenante de ses récoltes qui se répètent deux fois l'année, le fait considérer comme le grenier du Sénégal. On y voit de vastes plaines très-bien cultivées, d'immenses forêts qui produisent des arbres rares de la plus belle espèce, et une prodigieuse diversité de plantes et d'arbrisseaux propres à la teinture ou à la médecine.

A l'est du pays des *Peules*, se trouve celui de Galam ou Kayaga, situé à deux

cents lieues de l'île Saint-Louis. Les Français possèdent un établissement au village de Baquel. Ce pays par sa position un peu élevée jouit en tout temps d'une température assez fraîche et saine. Son sol est reconnu susceptible de toute espèce de culture; les mines d'or et d'argent qui l'avoisinnent, promettent de le voir un jour rivaliser avec les plus riches possessions des Espagnols dans le Nouveau-Monde. Cette conjecture est assez justifiée par les rapports des agens que les compagnies d'Afrique et des Indes ont envoyés dans ces contrées, et particulièrement par M. de Buffon, qui dans un manuscrit déposé aux archives des colonies, s'exprime ainsi : « Il est certain
« qu'on trouvera dans les sables des
« ruisseaux (du pays de Galam), plu-
» sieurs pierres précieuses ; telles que
« *rubis, topazes, saphirs*, et peut-être
« même des diamans, et qu'il y a dans

« les montagnes, des mines en filons d'or
« et d'argent ». Deux productions non
moins estimables peut-être que l'or et l'argent, sont indigènes à ces belles contrées,
et y pullulent d'une manière prodigieuse :
c'est le Lotus ou arbre à pain des anciens,
dont parle Pline, et le Shéa ou arbre à
beurre, dont le voyageur anglais Mongo-Park a donné la description.

CHAPITRE XI.

La maladie et la mort de Madame Picard viennent troubler le repos dont jouit sa famille. — M. Picard tourne ses vues du côté du commerce. — Mauvais succès de ses entreprises. — Désagrément que lui attire l'état malheureux des affaires de la Colonie. — Défrichement de l'île de Safal. — Plusieurs Négociants dénoncent M. Picard comme faisant le commerce. — Départ de l'expédition de Galam. — M. Picard est destitué de son emploi de Greffier-Notaire. — L'aînée de ses filles va habiter l'île de Safal avec deux de ses frères.

Nous fûmes assez heureux ou du moins tranquilles au Sénégal, jusqu'au moment

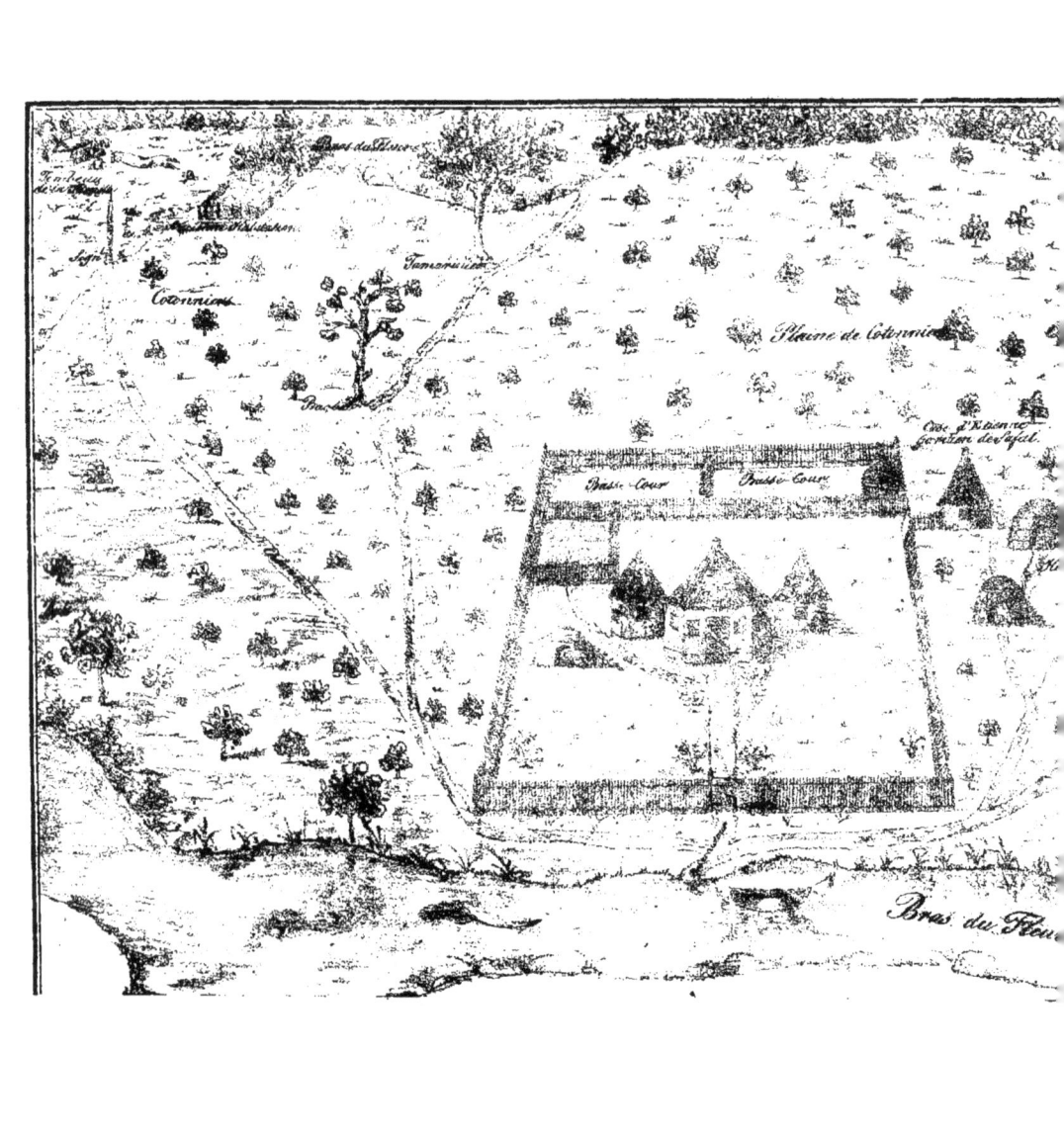

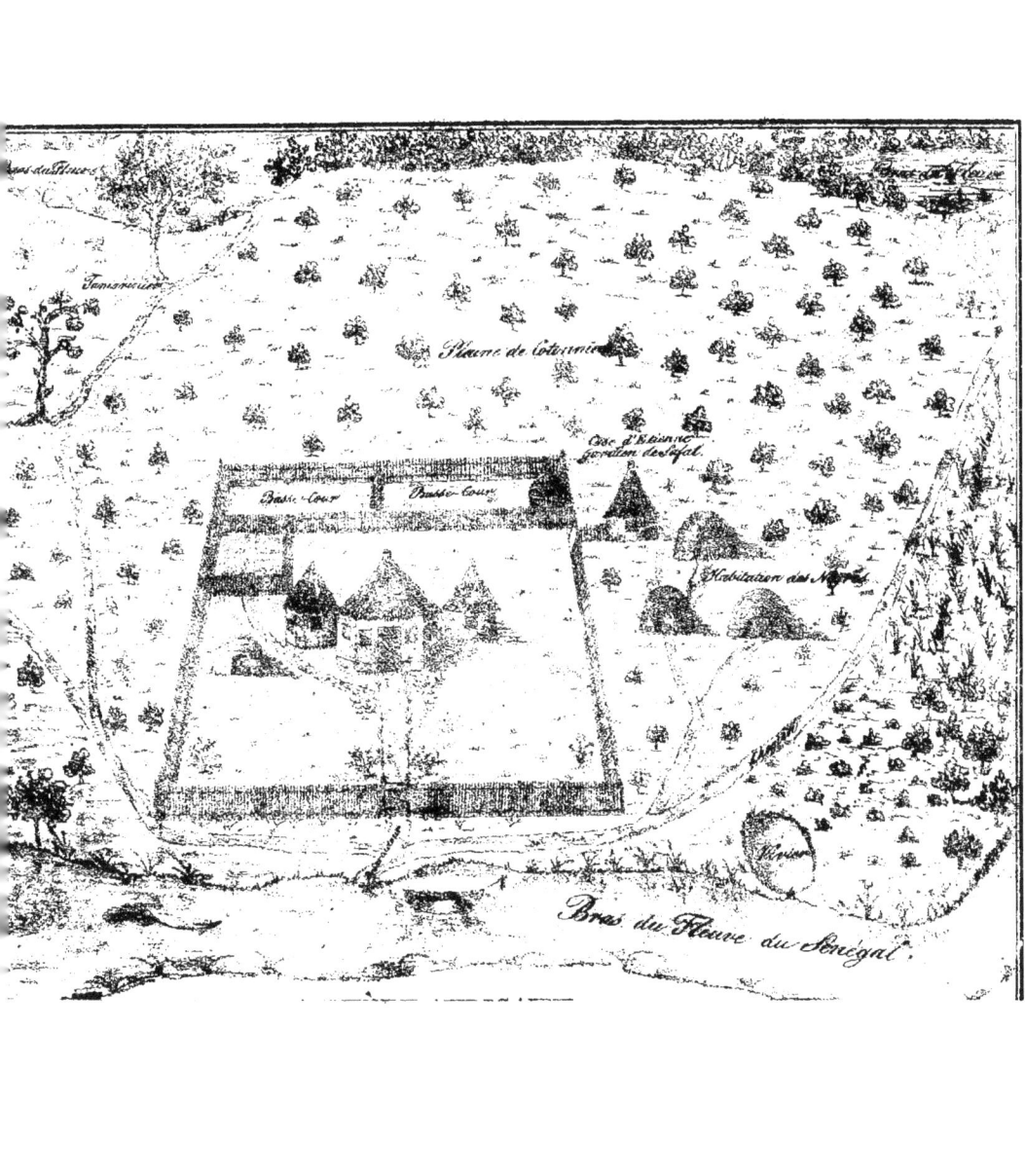

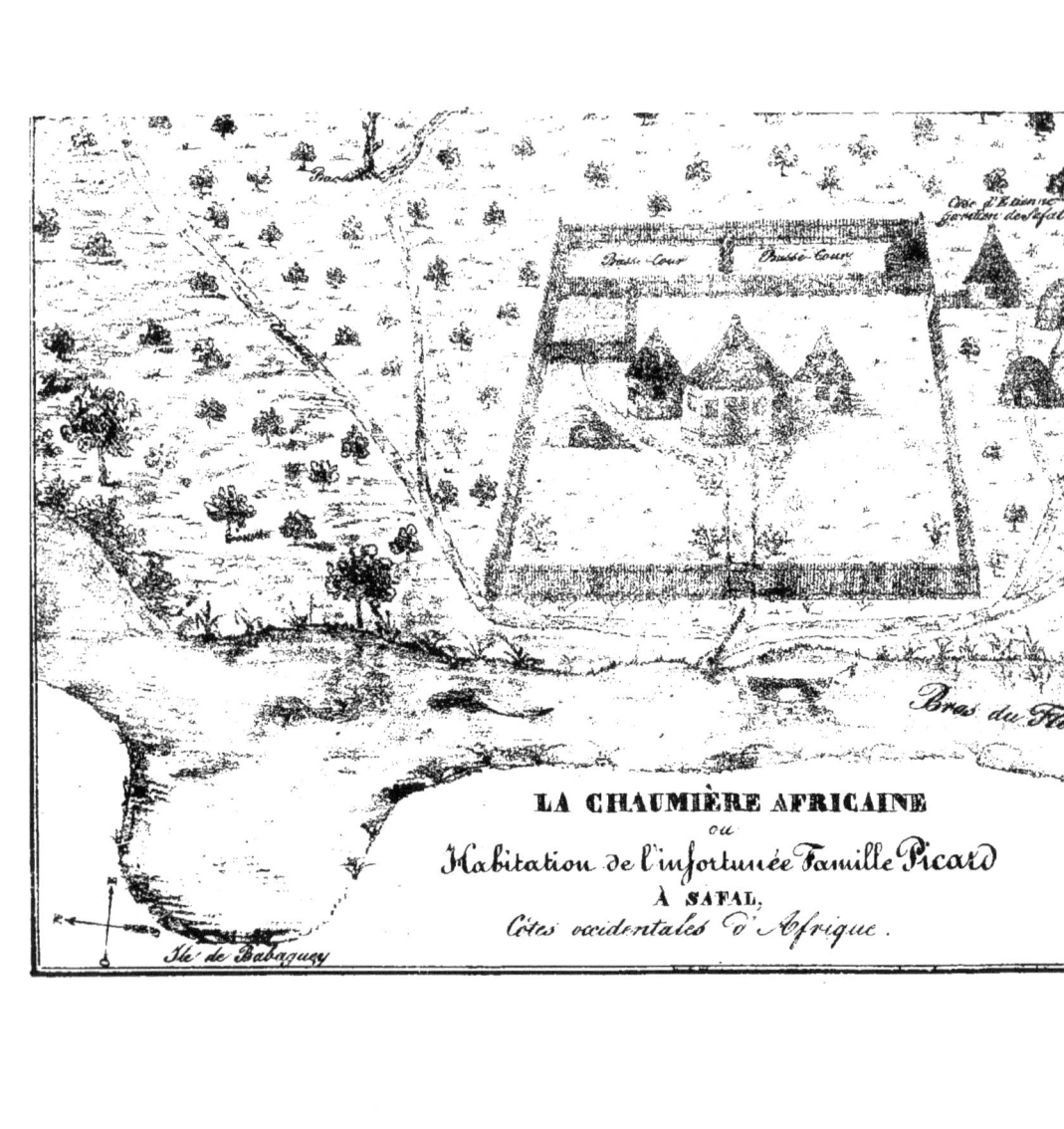

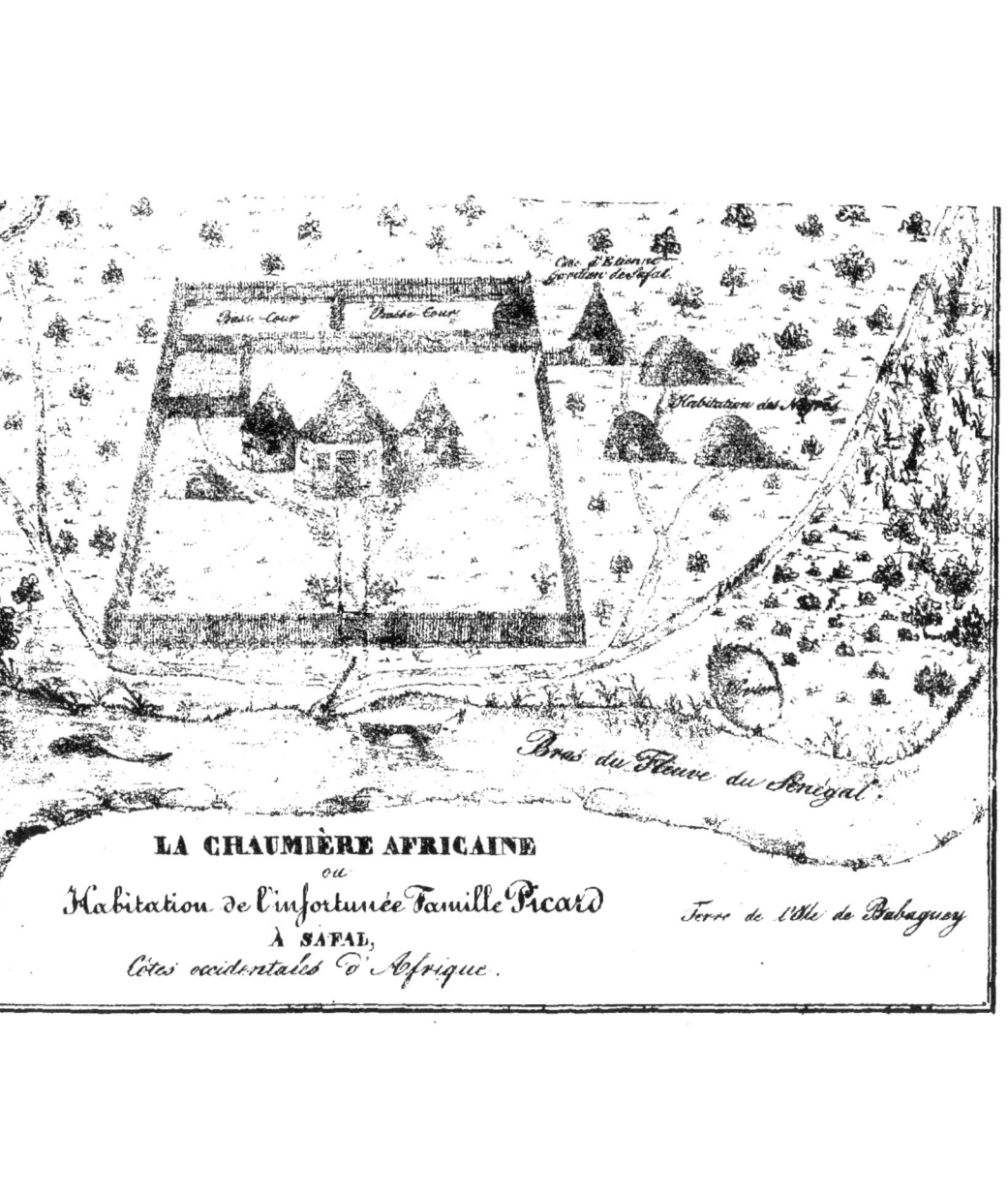

où la maladie de ma belle-mère vint troubler le repos dont nous jouissions. Vers le milieu du mois de juillet 1817, elle tomba dangereusement malade; tous les symptômes des fièvres pernicieuses se déclarèrent chez elle, à la suite d'une couche malheureuse; et malgré tous les secours de l'art et les soins que nous lui donnâmes, elle succomba dans les premiers jours de novembre de la même année. Sa perte nous plongea tous dans le deuil. Mon père en fut inconsolable. Depuis cette malheureuse époque, il n'y eut plus de tranquillité pour notre infortunée famille : chagrins, maladies, ennemis, tout sembla conspirer contre nous. Peu de temps après la mort de notre belle-mère, mon père reçut une lettre d'un chimiste de Paris, qui lui annonçait que les essais de potasse que nous avions envoyés en France, n'étaient autre chose que du sel marin et quelques parcelles de potasse et de salpêtre. Cette nouvelle quelque désagréable qu'elle fût, nous affligea peu, parce que nous avions de plus grands malheurs à déplorer. Sur la fin de l'année, mon père voyant que son emploi lui donnait à peine de quoi élever sa nombreuse famille, tourna ses vues du côté du commerce, espérant par là, faire quelques bénéfices, qui le missent à même de soutenir sa famille et de fournir aux frais d'exploitation de son île, qui lui était devnue bien chère, depuis que les dépouilles mortelles de son épouse et du plus jeune de ses enfans y étaient déposées. Pour mieux réussir dans ses projets, il crut devoir s'associer avec un certain personnage de la colonie; mais au lieu des bénéfices qu'il se promettait de ses spéculations, il n'éprouva que des pertes : il fut d'ailleurs trompé d'un manière indigne par les personnes en qui il avait placé sa confiance;

et comme il était défendu aux Employés français de faire le commerce, il ne put se plaindre, ni se faire rendre compte des marchandises qu'on lui avait escroquées. Quelques temps après avoir essuyé cette perte, mon père acheta un vieux bateau, qu'il fit reconstruire à neuf, ce qui l'entraîna dans une dépense assez considérable. Il avait fait cette acquisition dans l'espoir de pouvoir trafiquer avec les Portugais des îles du Cap-Vert; mais il n'en fut rien : le Gouverneur de la colonie défendit toute communication avec ces îles.

Voilà les premiers malheurs que nous éprouvâmes au Sénégal, et qui n'étaient que les avant-coureurs de bien plus grands encore.

Outre tous ses malheurs, mon père eut encore beaucoup de traverses et de peines à endurer dans l'emploi qu'il occupait. Le mauvais état des affaires de la colonie, et la pauvreté de la plupart de ses habitans, lui attirèrent toutes sortes de contrariétés et de désagrémens. Les dettes ne se payaient point ; les ventes faites au comptant n'étaient point soldées; les procès se multipliaient d'une manière effrayante ; tous les jours, des créanciers venaient au greffe solliciter la poursuite de leurs débiteurs ; en un mot, il était continuellement tourmenté, soit pour ses propres affaires, soit pour celles des autres. Cependant, comme mon père espérait être bientôt à la tête des établissemens agricoles projetés au Sénégal, il supporta ses peines avec beaucoup de courage.

Lors de la première expédition qui devait avoir lieu en 1815, M. le comte Trigant-de-Beaumont, que le Roi avait nommé au Gouvernement de la colonie du Sénégal, avait promis à mon père de le faire réintégrer dans le grade de capitaine d'infanterie qu'il avait eu avant la révolution, et de le charger ensuite du commandement du comptoir de Galam, dépendant du gouvernement du Sénégal. En 1816, mon père partit encore de Paris avec cet espoir ; car l'emploi de *Greffier-Notaire* ne convenait nullement à son caractère trop sensible et trop loyal. Il avait le premier donné les renseignemens sur les contrées où l'on pouvait fonder des établissemens de culture en Afrique, et proposé des plans qui furent accueillis dans le temps, par le Président du conseil d'Etat et par le Ministre de la marine, pour la colonisation du Sénégal ; mais les malheureux événemens de 1815 ayant tout bouleversé, un autre Gouverneur fut nommé pour cette colonie, à la place de M. le comte Trigant-de-Beaumont. On défigura aussitôt les plans et projets proposés, afin de leur donner l'apparence de la nou-

veauté, et mon père se trouva dans le cas de s'appliquer ce passage de Virgile :
« *Hos ego versiculos feci, tulit alter honores.* »
J'ait fait ces vers, un autre en a la gloire.

Dans les premiers temps, le nouveau gouverneur du Sénégal (M. Schmaltz) se montra presque disposé à employer mon père dans la direction des Etablissemens agricoles du Sénégal ; mais s'étant laissé circonvenir par certaines personnes auxquelles mon père avait peut-être dit de trop grandes vérités, il ne pensa plus à lui, et nous fûmes même en butte à toutes sortes de vexations.

Mon père voyant donc qu'il ne pouvait plus compter sur les promesses qu'on lui avait faites, au sujet des plans qu'il avait proposés pour la colonie du Sénégal, tourna tous ses projets sur son île de Safal, qui semblait lui promettre une petite fortune pour lui et sa famille. Il doubla alors le nombre des nègres cultivateurs qu'il y employait déjà, et y établit un gardien blanc pour surveiller les travaux de la culture.

Au commencement de l'année 1818, nous crûmes que la récolte du coton nous dédommagerait des pertes que nous avions éprouvées jusqu'alors. Tous nos cotonniers étaient de la plus grande beauté, et promettaient une récolte abondante. Nous avions aussi semé du maïs, du millet et des haricots du pays qui venaient également bien.

A cette époque, le gouverneur Schmaltz fut rappelé en France; M. Flauriau lui succéda; mais la nomination de ce nouveau chef n'améliora point notre situation. Tous les dimanches, mon père allait visiter sa plantation, et donner ses ordres pour les travaux de la semaine. Il y avait fait construire une grande cabane pour le gardien, sur le haut d'une petite colline qui se trouvait justement au milieu de l'île. Ce fut à peu de distance de cette maisonnette, qu'il fit ériger un tombeau pour recevoir les restes de son épouse et de son jeune enfant qui avaient d'abord été inhumés dans la partie du sud de la plaine des cotonniers. Il fit entourer ce monument de sa douleur, d'une espèce de haricots toujours verts, qui grimpant après un berceau, en dérobaient entièrement la vue : ce dôme de verdure servait de retraite à mille oiseaux que la fraîcheur du feuillage y attirait. Jamais mon père ne sortait de ce lieu, qu'il ne fût plus tranquille et moins affecté de ses malheurs.

Vers la mi-avril, mon père voyant que ses cotonniers lui avaient produit bien moins de coton qu'il n'en espérait, et que les vents brûlans et les sauterelles avaient fait de grands dégats dans sa plantation, se décida à n'y laisser qu'un vieux nègre pour surveiller les ouvriers journaliers qu'il réduisit à quatre. Dans le même temps, nous apprîmes que plusieurs marchands européens établis au Sénégal, avaient écrit en France contre mon père. Ils se plaignaient de ce qu'il ne mettait pas assez de sévérité à faire saisir les malheureux qui n'avaient pas de quoi payer leurs dettes, et ils réclamaient contre quelques misérables spéculations qu'il avait fait faire dans le pays de *Fouta-Toro*, pour se procurer le grain nécessaire à la nourriture de ses nègres cultivateurs.

L'expédition de Galam faisait ses préparatifs de départ (1); mon père, mal-

---

(1) Le voyage du Sénégal au pays de Galam, ne se fait qu'une fois l'an, parce qu'il faut profiter de la crue des eaux, soit pour y monter en bateau, soit pour en descendre. Les bâtimens du commerce qui se destinent à faire ce voyage,

gré la délation de quelques marchands de la colonie, voulut encore tenter la fortune. S'étant associé avec une personne qui devait faire ce voyage, il acheta des marchandises d'Europe, et fit préparer son bateau qui ne lui avait encore occasionné que des pertes. Vers la mi-août 1818, l'expédition partit. Un mois après le départ de cette expédition pour le pays de Galam, ma cousine que le climat avait considérablement affaiblie, retourna en France à notre grand regret. Ma sœur et moi nous nous trouvâmes alors privées de la seule société qui nous faisait supporter nos peines. Cependant comme nous espérions revoir

---

se rassemblent en convoi, et partent à la mi-août sous l'escorte des navires du Roi, chargés de payer les droits et coutumes aux princes nègres de l'intérieur avec lesquels la colonie est en relation.

la France dans peu d'années, nous surmontâmes encore nos chagrins. Déjà nous avions retrouvé un peu de tranquillité, malgré tous nos malheurs et l'isolement où nous étions, lorsque mon père reçut une lettre du Gouverneur de la colonie, qui lui annonçait que par décision du Ministre de la marine, un nouveau Greffier-Notaire était envoyé au Sénégal, et enjoignait en même temps à mon père, l'ordre de remettre les archives du greffe à son successeur qui arrivait de France.

Un pareil événement ne pouvait manquer de nous affliger beaucoup ; car le peu de ressources que nous possédions, nous fit entrevoir un avenir presque aussi affreux que le naufrage qui avait exposé notre famille à toutes les horreurs du besoin, dans les vastes déserts du Sahara. Cependant, mon père qui n'avait rien à se reprocher, supporta courageusement

cette nouvelle disgrâce, espérant que tôt ou tard, il pourrait démasquer ceux qui avaient provoqué sa destitution. Il écrivit une lettre à S. Exc. le Ministre de la marine, dans laquelle il exposa l'état des affaires du greffe de la colonie, la régularité de ses comptes, l'état malheureux où la perte de son emploi allait réduire sa nombreuse famille, et termina sa lettre par ces mots : « Frappé
« sans avoir été entendu et au bout de
« vingt-neuf ans de bons services ; mais
« trop fier pour me plaindre d'une dis-
« grâce qui ne peut m'être qu'honorable,
« puisqu'elle a sa source dans les prin-
« cipes philantropiques que je manifestai
« lors de l'abandon du Radeau de la
« *Méduse*, je me résignerai en silence à
« ma destinée ».

Cette lettre pleine d'énergie, quoique un peu trop fière, ne laissa pas d'émouvoir le cœur sensible du Ministre de la marine, qui écrivit à M. le Gouverneur du Sénégal, pour qu'il donnât à mon père un emploi quelconque dans l'administration de la colonie. Mais soit que cet ordre restât long-temps dans les bureaux du ministère, soit que le Gouverneur du Sénégal ne jugeât pas à propos de nous communiquer cette heureuse nouvelle, nous ne connûmes l'ordre du ministre qu'après la mort de mon père, c'est-à-dire, après plus de quinze mois de sa date.

Lorsque mon père eut rendu ses comptes et installé son successeur dans le greffe de la colonie, il me représenta qu'il ne fallait plus penser qu'à nous retirer dans son île de Safal, pour la cultiver nous mêmes; il me persuada que notre plantation suffirait seule à tous nos besoins, et que le bonheur et la tranquillité de la vie champêtre, nous feraient bientôt oublier et nos ennemis et nos disgrâces

Il fut donc décidé que le lendemain, je partirais avec deux de mes frères pour aller recueillir du coton à la plantation. Nous prîmes notre petite chaloupe et deux nègres matelots, et au point du jour, nous nous mîmes en route sur le fleuve, laissant au Sénégal, mon père, ma sœur Caroline et nos plus jeunes frères et sœurs.

CHAPITRE XII.

L'aînée des demoiselles Picard habite l'île de Safal. — Sa manière de vivre. — Souffrances qu'elle endure. — Elle cueille des fleurs qui recélaient un poison délétère. — Ses deux frères tombent malades. — Ils sont conduits au Sénégal. — Mademoiselle Picard accablée d'ennuis et de tristesse, tombe malade à son tour. — Dénûment où elle se trouve. — Un nègre lui fait du bouillon avec un vieux milan. — Retour de mademoiselle Picard au Sénégal. — Sa convalescence. — Son retour à l'île de Safal. — M. Picard va habiter son île avec toute sa famille. — Description et ameublement de la Chaumière africaine. — Vie champêtre. — Bonheur du coin du feu. Promenades de la famille. — Petit bien-être dont elle jouit.

―――

Pendant plus de deux mois, je supportai, ainsi que mes jeunes frères, l'ardeur d'un soleil brûlant, les piqûres des insectes, des épines, et la privation des alimens auxquels nous étions habitués. Je souffrais pendant toute la journée, d'un grand mal de tête; mais je ramassais du coton sur une terre qui nous appartenait, et sur laquelle étaient fondées toutes nos espérances. Le soir, mes deux jeunes frères et moi nous rentrions dans la chaumière qui nous servait d'asile; les nègres cultivateurs apportaient le coton que nous avions récolté pendant le jour; ensuite je m'occupais de notre souper. Les enfans accompagnés du vieux nègre Etienne (c'était le gardien de la plantation), allaient ramasser quelques branches de bois sec; on allumait un grand feu au milieu de notre hutte, et je pétrissais les galettes de farine de millet qui devaient servir à notre souper, ainsi qu'à la nourriture du lendemain. Ma pâte étant préparée, je déposais chaque galette sur le brasier que les enfans avaient eu soin de faire. Le plus souvent et surtout quand nous étions pressés par la faim, je les plaçais sur une pelle de fer que j'exposais sur le feu. Ce procédé très-expéditif nous procurait du pain de millet en moins d'un quart d'heure; mais il faut convenir que ces espèces de gauffres ou galettes, quoique bien préparées et bien cuites, étaient loin d'avoir le goût de celles qu'on mange à Paris. Cependant pour les rendre un peu moins mauvaises, j'y ajoutais du beurre, quand j'en avais, ou bien nous les mangions avec du lait aigre. De ce premier plat, nous arrivions au dessert qui servait en même temps d'entrée, d'entre-mets, de rôti et de salade; il consistait ordinairement en un plat de haricots cuits à l'eau ou en pistaches grillées. Les jours de fêtes, c'est-à-dire, les jours où mon père venait nous voir, nous oubliions nos mauvais repas en mangeant du pain frais qu'il apportait du Sénégal.

Dans le mois de décembre 1818, étant allée, un matin, avec mes jeunes frères faire une petite promenade dans le bois qui se trouvait derrière notre chaumière, je découvris un arbre chargé de fleurs aussi blanches que la neige, et dont l'odeur me parut des plus suaves. Nous en cueillîmes une grande quantité que nous apportâmes à la case; mais ces fleurs, comme nous l'apprîmes bientôt par une triste expérience, cachaient un poison délétère. Leur odeur forte et pénétrante nous causa de violens maux de tête, avant-coureurs des fièvres pernicieuses qui devaient nous conduire à deux pas du tombeau ; aussi deux jours après, mes deux jeunes frères furent atteints d'une forte fièvre ; heureusement mon père arriva le lendemain et les emmena au Sénégal.

Me voila donc seule avec mon vieux nègre Etienne dans l'habitation de Safal : éloignée de ma famille, isolée au milieu d'une île déserte, dont les oiseaux, les loups et le tigres composaient toute la population ; je donnai un libre cours à mes larmes et à mes chagrins. Le monde civilisé, me disais-je, est loin de moi, un fleuve immense me sépare de mes parens. Hélas! quelle consolation puis-je trouver dans cette affreuse solitude? Que fais-je sur cette terre maudite? Mais qu'ai-je dit, malheureuse que je suis ! Ne suis-je pas nécessaire à mon infortuné père? N'ai-je pas promis de l'aider à élever ses jeunes enfans que la cruelle mort a privés de leur mère ? Ah ! oui je le sens trop, ma vie est encore nécessaire.......... Occupée de ces tristes réflexions, je tombai dans une mélancolie qu'il me serait difficile d'exprimer. Le lendemain, dès le point du jour, le trouble de mes pensées me conduisit sur les bords du fleuve, où, le soir précédent, j'avais vu disparaître le canot qui emmenait mon père et mes jeunes frères : là, j'attachai mes yeux humides sur la plaine des eaux, sans rien y appercevoir qu'une immensité affreuse ; puis, revenue de mon trouble, je fixai la campagne voisine, comme pour saluer les fleurs et les plantes que l'aurore commençait à dorer. Elles étaient mes amies, mes compagnes ; elles seules pouvaient encore donner quelques adoucissemens à ma douleur, et rendre mon ennui supportable. Enfin l'astre du jour s'élevant au-dessus de l'horison, vint m'avertir de me rendre à mon travail.

Etant donc retournée à la chaumière, j'allai à la récolte avec le nègre Etienne. Pendant deux jours nous continuâmes nos travaux ordininaires ; mais le troisième au soir, en revenant de la plantation à la case, je me sentis tout-à-coup saisie d'un violent mal de tête. Je me couchai aussitôt après mon arrivée. Le lendemain, je me trouvai hors d'état de sortir de mon lit ; une fièvre ardente s'était déclarée dans la nuit, et m'ôtait jusqu'à l'espoir de pouvoir me rendre au Sénégal.

Cependant je manquais de tout absolument. Touché de mon état, le bon nègre Etienne prit son fusil, et alla dans le bois voisin pour tâcher de me tuer quelque gibier. Un vieux milan fut l'unique produit de sa chasse : il me l'apporta, et malgré la répugnance que je lui marquai pour cette espèce d'oiseau, il persista à vouloir m'en faire du bouillon ; environ une heure après, il me présenta une tasse de ce consommé africain ; mais je le trouvai si amer que je ne fis qu'en goûter. Mon état allait toujours en empirant, et chaque instant semblait devoir être le dernier de ma vie. Enfin sur le midi, ayant réuni le peu de forces qui me restaient, j'écrivis à mon père l'état malheureux où je me trouvais. Etienne se chargea de porter ma lettre, et me laissa seule au milieu de notre île. Le soir, je sentis un grand redoublement de fièvre, mes forces m'abandonnèrent entièrement ; je ne pus pas même fermer la porte de la case où j'étais couchée. J'étais loin de ma famille ; aucun être à figure humaine n'habitait mon île ; personne ne voyait mes souffrances ; je tombai dans une profonde léthargie, et je ne sais ce que je devins pendant cette nuit. Le lendemain, dans la matinée, étant sortie de mon état léthargique, je me sentis pressée par une personne qui poussait des cris de désespoir; c'était ma bonne sœur Caroline; j'ouvris les yeux, et je reconnus à ma grande surprise, que j'étais au Sénégal, entourée de toute ma famille éplorée. Il me semblait que je revenais de l'autre monde. Mon père m'apprit, qu'aussitôt la réception de ma lettre, il était parti avec le nègre Etienne pour l'île de Safal, et que m'ayant trouvée dans un fort accès de fièvre, il m'avait embarquée pour le Sénégal, sans que je m'en fusse apperçue. Revenue peu-à-peu de mon étonnement, je voulus voir mes frères qui étaient atteints de la même fièvre que moi. Notre maison ressemblait à un hôpital. Ici, un jeune enfant moribond veut qu'on ôte le monstre qu'il s'imagine voir dans son lit; là, un autre demande à boire, puis refusant de prendre les médicamens qu'on lui offre, il remplit la chambre de ses gémissemens; plus loin, ma voix plaintive se faisait entendre pour demander quelques rafraîchissemens, afin d'éteindre la soif qui me dévorait.

Cependant, les soins assidus qui nous furent donnés, tant de la part du généreux médecin M. Quincey, que de celle de mon père et de ma sœur Caroline, nous mirent bientôt hors de danger. On m'apprit alors, que les fleurs que j'avais eu l'imprudence de cueillir dans le bois de Safal, et dont j'avais orné notre case, avaient été la principale cause de ma maladie et de celle de mes frères. Notre convalescence dura environ deux mois. Pendant ce temps, mon père fit construire deux nouvelles cases à l'île de Safal, dans l'intention d'y aller habiter avec toute notre famille. Mais comme ses affaires le retenaient encore quelques jours au Sénégal, il fut arrêté que je retournerais à Safal avec les enfans, pour continuer la récolte du coton. Nous repartîmes donc tous les trois le lendemain. Dès que nous fûmes arrivés sur le *Marigot* de l'île de Babaguey, nous hèlâmes le gardien de notre île, pour qu'il vînt nous passer dans son canot. En attendant, je m'amusai à considérer notre petite habitation qui me sembla fort embellie depuis qu'elle avait été augmentée de deux nouvelles cases. Je trouvai aussi que la campagne était beacoup plus verte qu'avant mon départ; en un mot, toute la nature me parut riante et belle. Enfin, le nègre Etienne que nous appelions depuis un quart d'heure, arriva avec son canot; nous nous y embarquâmes, et bientôt nous fûmes encore à l'île de Safal.

Arrivés à la chaumière, je commençai par examiner tous les changemens que mon père y avait fait faire pendant ma maladie. La petite case qui se trouvait à l'ouest, fut celle que je choisis pour ma chambre à coucher : elle était proprement faite de paille et de roseaux encore verts ; mais la fenêtre d'où l'on découvrait toute la plaine des cotonniers, fut ce qui me plut davantage. Je m'occupai à nétoyer le parquet de nos appartemens, qui n'était autre chose que du sable dans lequel se trouvaient plusieurs racines et quelques brins d'herbe. Après quoi, j'allai visiter la petite basse-cour, où l'on avait mis depuis peu deux canards et quelques poules. Je fus fort contente de ces petits arrangemens ; je rentrai dans la case principale, afin de préparer le déjeuner. Après ce premier repas, nous reprîmes les travaux de la récolte du coton.

Huit jours s'étaient déjà écoulés depuis notre retour à l'habitation de Safal, lorsqu'un matin nous apperçûmes sur la rivière, notre chaloupe que nous reconnaissions toujours à un signal placé au haut du mât; c'était mon père qui amenait douze nègres qu'on venait de lui louer au Sénégal, moyennant une partie de la récolte de son île. Les hommes furent aussitôt employés aux défrichemens; les enfans et les femmes nous aidèrent dans les travaux de la récolte du coton. Mon père congédia alors les nègres journaliers, qui chaque jour venaient travailler à Safal, et repartit pour le Sénégal où ses affaires exigeaient encore sa présence.

Je m'attendais à rester long-tems sans voir mon père; mais au bout de huit jours, je fus agréablement surprise en voyant notre bateau dans la petite rade de Babaguey; j'envoyai de suite les nègres

de l'habitation, pour débarquer nos effets; et bientôt j'eus le plaisir de presser dans mes bras ma sœur Caroline. Mon père descendit ensuite avec ses plus jeunes enfans; et toute la famille se vit enfin réunie sous le toît de la *Chaumière Africaine* de l'île de Safal. « Tu vois,
« ma fille, me dit mon père en entrant
« dans nos huttes, tu vois toutes nos
« richesses ! nous n'avons plus au Sé-
« négal, ni meubles, ni maison, tout
« est ici avec nous ». J'embrassai mon père et mes frères et sœurs; ensuite on s'occupa à faire décharger notre bateau. Notre chaumière fut bientôt encombrée. Elle nous servait en même temps de cave, de grenier, de magasin, de salon et de chambre à coucher. Cependant, nous parvînmes à trouver une place pour chaque objet. Le lendemain, nous commençâmes à nous créer un logement plus commode; ma sœur et moi, nous nous

logeâmes dans ma petite case de l'ouest ;
mon père s'établit dans celle qui était
à l'est, et la grande case du milieu fut
le salon de réunion et la chambre à coucher des enfans. Autour de cette dernière, nous suspendîmes avec des cordes
quelques planches destinées à recevoir
notre vaisselle et divers ustensiles de
cuisine : une table, deux bancs, quelques
chaises, un grand canapé, de vieilles
barriques, un moulin à égrener le coton, des instrumens aratoires, faisaient
tout l'ameublement de cette case. Néanmoins, malgré cette grande simplicité,
tous les matins, le soleil venait dorer nos
lambris de roseaux et de paille. Mon père
se fit de sa petite case un cabinet d'étude : ici, sur des planches suspendues
par des ficelles, étaient rangés dans le
plus grand ordre, ses livres et ses papiers; là, une tablette de sapin soutenue par quatre piquets fichés en terre,

lui servait de bureau; plus loin, étaient son fusil, ses pistolets, son épée, sa clarinette et quelques instrumens de mathématiques. Une chaise, un petit canapé, une cruche et une tasse formaient son petit mobilier.

Notre chaumière était située sur le sommet d'une petite colline, dont la pente était douce. Des forêts de Mangliers, de Gommiers et de Tamariniers nous couvraient à l'ouest, au nord et à l'est. Au sud, se trouvait la plantation que nous appelions aussi la plaine du sud. Cette plaine était déjà couverte d'environ trois cent mille pieds de cotonniers, dont le tiers à-peu-près, commençait à produire. Sur les bords du fleuve, et à l'ouest des cotonniers, se trouvait notre jardin; enfin, au sud de la plaine, étaient nos champs de maïs, de haricots et de millet.

Notre petite république à laquelle mon

père donnait des lois, était réglée de la manière suivante ; nous nous levions ordinairement avec le jour, et nous nous assemblions tous dans la grande case. Après avoir embrassé notre père, nous nous mettions à genoux pour remercier l'Être suprême du nouveau jour qu'il nous accordait. Ce devoir étant rempli, mon père allait conduire les nègres au travail, pendant que ma sœur et moi, nous arrangions le ménage et préparions le déjeuner. sur les huit heures, mon père revenait à la chaumière, et l'on se mettait à table. Le repas fini, chacun prenait son petit sac et allait ramasser du coton. A onze heures, comme la chaleur devenait insuportable, tout le monde rentrait dans la chaumière ; et nous nous livrions à diverses occupations. J'étais particulièrement chargée de l'instruction de mes jeunes frères et sœurs et des petits nègres de l'habitation. Autour de ma petite case étaient suspendus plusieurs tableaux de lecture, sur lesquels je leur apprenais à lire suivant la méthode de l'enseignement mutuel. Une couche de sable étendue sur un petit banc servait aux plus jeunes pour tracer et apprendre les lettres de l'alphabet. Les autres écrivaient sur des ardoises : nous donnions deux heures à-peu-près à ces exercices; ensuite mes écoliers s'amusaient à différens jeux. Sur les trois heures, toute la famille retournait aux cotonniers, pour n'en revenir qu'à cinq. Le dîner qui avait lieu ordinairement à six, était suivi d'une petite conversation de famille, dans laquelle les enfans étaient interrogés sur ce qu'ils avaient appris dans la journée. Quand j'étais contente d'eux, je leur promettais un conte, ou une fable pour la veillée. Quelquefois après le dîner, nous allions faire une petite promenade sur les bords du fleuve; ensuite nous rentrions dans la chaumière où le nègre Etienne avait eu soin d'allumer un grand feu dont l'ardeur forçait les moustiques et les maringoins à céder leur place au petit cercle que décrivait notre famille assise autour du foyer. Là, ma sœur Caroline et moi, nous racontions quelques fables aux enfans, ou bien nous leur faisions une lecture dans l'Evangile ou dans la Bible, pendant que mon père, en fumant sa pipe, s'amusait à considérer toute sa famille réunie. L'heure d'aller se coucher étant arrivée, nous faisions la prière en commun, après quoi, chacun se retirait dans sa hutte pour y prendre du repos.

C'était ainsi que nos jours s'écoulaient au milieu des occupations champêtres et des récréations de famille. Les jours de dimanche, tous nos travaux étaient suspendus. Quelquefois, pour passer la journée plus agréablement, et pour nous soustraire aux importunités des chasseurs qui souvent venaient dans notre île, nous nous rendions à l'île de *Bokos* située à l'est de celle de Safal. Arrivés là, nous nous réunissions sous un gros Baobab qui avait plus de trente pieds de circonférence. Après avoir pris notre modeste repas sous l'ombrage de cet arbre extraordinaire, mon père allait faire sa partie de chasse; ma sœur Caroline et moi, nous cherchions à découvrir quelques plantes rares à l'aide de nos livres de botanique, tandis que les enfans s'amusaient à faire la chasse aux papillons et aux autres insectes. Charles, l'aîné des garçons, nageait comme un poisson : aussi, quand mon père tuait un canard ou une aigrette sur le fleuve, aussitôt Charles se jettait à la nage, pour aller chercher le gibier; d'autre fois il grimpait au plus haut des arbres pour y dénicher les oiseaux, ou il s'enfonçait dans les buissons pour nous cueillir quelques fruits du pays. Alors il fallait le voir accourir tout essoufflé et joyeux pour nous faire présent de sa découverte. Nous restions à l'île de *Bokos* jusqu'à quatre heures du soir; ensuite nous remontions dans notre Canot, et nos nègres nous ramenaient dans notre île.

Dans le temps des plus grandes chaleurs, pour ne pas nous trop exposer aux rayons du soleil, nous passions une partie du dimanche sous un Tamarinier fort touffu, qui se trouvait à peu de distance de notre chaumière. Ainsi qu'au bon vieux temps, seigneurs, barons et marquis se réunissaient sous l'ormeau du village, pour discuter les intérêts de leurs vassaux; de même, mon père nous réunissait sous son arbre à Tamarin, pour régler les affaires de sa petite république, et aussi pour nous faire jouir de la vue des paysages que nous offrait son île.

Nous prenions quelquefois nos repas sous le Tamarinier; et dans ces occasions, la pelouse nous servait en même temps de table, de nappe et de siège. Les enfans se roulaient sur la verdure et faisaient mille espiègleries pour nous amuser. Nous commençâmes dès-lors à reconnaître que chaque état de la vie peut fournir ses plaisirs particuliers. Si les six jours de travail de la semaine nous paraissaient longs et pénibles, le dimanche, nous nous en récompensions par nos délassemens champêtres. Nous vécûmes ainsi quelque temps dans la plus grande tranquillité. Isolés de la société dans une île déserte, nous osâmes croire que nous avions trouvé le vrai bonheur.

Tous les mercredis, nous envoyions deux nègres au village de Gandiolle, pour nous acheter quelques provisions, comme beurre, lait, œufs, etc.; un jour cependant, mon père se décida à faire l'acquisition d'une vache et d'une trentaine de volailles, de sorte que nous pûmes enfin avoir dans notre île, toutes les petites provisions nécessaires à notre famille. Notre basse-cour ainsi montée, nous nous crûmes aussi fortunés que les plus riches princes de l'Afrique; et en effet, puisque nous avions une chaumière, du lait, du beurre, des œufs, du maïs, du millet, du coton, la tranquillité et et la santé, que nous fallait-il davantage pour être heureux ?

CHAPITRE XIII.

Nouveaux malheurs. — Désertion des nègres cultivateurs. — Retour de monsieur Schmaltz au Sénégal. — Espoir trompé. — Le gouverneur Schmaltz refuse toute espèce de secours à la famille Picard. — Les tigres dévorent le chien de l'habitation. — Terreur panique des demoiselles Picard. — Mauvaise récolte. — Cruelle perspective de la famille. — Surcroit de malheur. — Quelques personnes généreuses offrent des secours à M. Picard.

Tandis que nous jouissions en paix de notre petit bien-être, mon père reçut une lettre qui l'invitait à se rendre au

Sénégal le plutôt possible. Il y alla, et je me trouvai à la tête de toute l'habitation. Mais un grand malheur nous menaçait, nous ne pûmes l'éviter : six des nègres cultivateurs qu'on avait loués à mon père, désertèrent pendant la nuit et emmenèrent avec eux notre petit bateau. J'en fus extrêmement affligée. Je dis aussitôt au vieil Etienne, de passer le fleuve à la nage et d'aller prier le stationnaire de Babaguey, de lui prêter son Canot pour porter à mon père qui était encore au Sénégal, cette triste nouvelle. Ce bon nègre fut bientôt de l'autre côté de l'eau, d'où il se rendit auprès de M. Lerouge (c'est le nom du stationnaire) qui lui prêta son canot. Le soir, nous le vîmes revenir avec mon père, qui alla sur le champ à la recherche des nègres fugitifs. Mon père passa trois jours entiers dans le pays de Gandiolle et de Touby, qui avoisinent notre île ; mais toutes ses recherches furent inutiles. Les nègres déserteurs avaient déjà gagné les forêts de l'intérieur. Accablé de fatigues, mon père revint à Safal. Je dois avouer ici, que, quoique je fusse profondément affectée de la désertion de ces esclaves qui nous étaient nécessaires pour réaliser nos projets de culture, mon cœur ne put blâmer des malheureux qui cherchaient à recouvrer la liberté qu'on leur avait ravie.

A cette époque, c'est-à-dire, dans les premiers jours de mars 1819, nous apprîmes que M. Schmaltz, revenant de France, était en rade de Saint-Louis, et que le Ministre de la marine avait approuvé tous les projets relatifs aux établissements agricoles du Sénégal. Cette nouvelle donna quelque espérance à mon père. Comme il avait le premier proposé ces établissemens, il se flattait qu'on lui rendrait enfin justice. Dans cette confiance, il alla à la rencontre du gouverneur Schmaltz qui devait passer le lendemain devant notre habitation; mais il ne put lui parler. Le jour suivant, mon père lui écrivit en son hôtel à Saint-Louis; quatre jours après l'envoi de cette lettre, nous sûmes positivement que ce Gouverneur était bien éloigné de vouloir nous être utile, et plus encore de rendre justice à mon père. Cependant les amis de mon père l'engagèrent à faire de nouvelles démarches, et lui persuadèrent qu'il pouvait obtenir une prime d'encouragement, pour avoir le premier donné l'exemple de la culture du coton au Sénégal; ils lui assurèrent même que des fonds avaient été remis à M. Schmaltz à cet effet. Vaine espérance ! toutes ses réclamations furent rejetées; nous n'eûmes pas même la satisfaction de savoir si la prime que demandait mon père, lui était due ou non : on ne nous fit aucune réponse. Mon père voulant faire une dernière tentative pour tâcher de nous soustraire à la misère qui nous menaçait, alla supplier le Gouverneur de nous accorder des vivres soit en les payant, soit comme ration. Cette dernière supplique n'eut pas plus de succès que les précédentes. On nous abandonna à notre malheureux sort, tandis que plus de vingt personnes, qui jamais n'avaient rendu aucun service au Gouvernement, recevaient chaque jour la ration *gratis* des magasins de la colonie.

« Hé bien ! me dit mon père, en ap-
« prenant qu'on nous refusait même jus-
« qu'aux secours que M. Schmaltz avait
« ordre de donner aux malheureux de
« la colonie ; que le Gouverneur soit
« heureux s'il le peut : je n'envierai point
« son bonheur. Regarde, ma fille, re-
« garde ce toît de chaume qui nous
« couvre, vois ces claies de roseaux qui
« tombent en poussière, ces lits de joncs,

« mon corps déjà usé par les années,
« et mes jeunes enfans pleurant autour
« de moi en me demandant du pain?
« Tu vois un tableau parfait de l'indi-
« gence; cependant il y a sur la terre
« des êtres encore plus malheureux que
« nous ». — Hélas! lui dis-je, notre
misère est grande, mais je la suppor-
terais et même une plus grande encore
sans me plaindre, si je ne vous voyais
exposé aux plus pressans besoins; tous
vos enfans sont jeunes et d'une assez
bonne constitution; nous pouvons supporter la misère et même nous y habituer; mais nous avons tout lieu de
craindre que le manque d'une nourriture saine et suffisante ne vous fasse
succomber, et ne nous prive du seul
appui que nous avons sur la terre. « O
« ma chère enfant, s'écria mon père,
« tu as pénétré les secrets de mon âme;
« tu connais toutes mes craintes, et dé-

« sormais je ne pourrai plus te cacher
« la douleur que je renferme depuis long-
« temps au fond de mon cœur; cepen-
« dant ma mort serait peut-être un bon-
« heur pour ma famille : car mes lâches
« ennemis cesseraient sans doute de vous
« persécuter ». — Mon père, lui répon-
dis-je, vous me déchirez le cœur ; comment pouvez-vous, oubliant vos enfans,
leur tendre affection, les secours que
vous leur devez et qu'ils ont droit d'attendre de vous, vouloir leur faire croire
que votre mort serait un bonheur pour
eux ?....... A ces mots, mon malheureux père s'attendrit et ses larmes
coulèrent en abondance ; puis me pres-
sant sur son sein, il s'écria : « Non,
« non, mes chers enfans, je ne mour-
« rai pas, mais je vivrai pour vous pro-
« curer une existence plus heureuse que
« celle que vous traînez depuis que nous
« sommes au Sénégal. Dès ce moment,

« je romps tous les liens qui me tenaient
« encore attaché au Gouvernement de
« cette colonie ; je veux aller vous pré-
« parer une nouvelle demeure dans l'in-
« térieur du pays des nègres : oui mes
« chers enfans, nous trouverons plus
« d'humanité parmi les peuplades sau-
« vages qui nous avoisinent, que chez
« la plupart des européens qui compo-
« sent l'Administration de la colonie ».
En effet, quelque temps après, mon
père obtint du prince nègre de la province de *Cayor*, une concession dans ses
Etats, et nous devions aller nous y établir après la saison pluvieuse; mais le
ciel en avait décidé autrement.

Dès-lors, mon père toujours plus indigné de la manière dont le gouverneur
du Sénégal en agissait envers nous, résolut de se retirer tout-à-fait dans son
île, et d'avoir avec les européens de la colonie, le moins de relations qu'il lui se-

rait possible. Néanmoins il recevait avec plaisir la visite de ses amis qui venaient de tems en tems nous voir, et qui l'emmenaient quelquefois à Saint-Louis, où ils se disputaient le plaisir de lui donner l'hospitalité, et de lui faire oublier ses malheurs par les honnêtetés dont ils le comblaient ; mais le souvenir des disgrâces qu'il avait éprouvées dans cette ville, lui faisait bientôt désirer de retourner dans son île. Un jour qu'il revenait du Sénégal après avoir passé deux jours chez ses amis, il nous amena un nègre maçon qu'on lui avait prêté pour nous construire un four, car jusque-là, nous avions toujours fait cuire notre pain sous la cendre. Au moyen de ce four, nous ne fûmes plus exposés à manger notre pain de millet avec la cendre et les charbons qui s'y attachaient très-facilement.

Un matin, comme mon père se disposait à aller conduire les nègres au travail, il s'apperçut que son chien ne venait pas au-devant de lui, ainsi qu'il le faisait ordinairement. Il l'appela, mais en vain ; ce qui lui fit croire que son chien fidèle avait passé le fleuve pour aller à Babaguey, comme il lui arrivait quelquefois. Arrivé à la plaine des cotonniers, mon père remarqua sur le sable de grandes traces qui lui parurent être celles d'un tigre, et à côté plusieurs traces de sang ; alors il ne douta plus que son pauvre *Sultan* n'eût été dévoré. Il revint aussitôt à la chaumière nous apprendre le sort de son chien que nous regrettâmes beaucoup. Dès ce jour, il fut défendu aux enfans de s'éloigner de nos cases. Ma sœur et moi, nous n'osâmes plus aller nous promener dans les bois comme auparavant.

Quatre jours après la perte du fidèle *Sultan*, comme nous venions de nous coucher, nous entendîmes derrière notre chaumière, des miaulemens semblables à ceux d'un chat, mais beaucoup plus forts. Aussitôt mon père se leva, et malgré nos prières et nos craintes, il sortit armé de son épée et de son fusil, dans l'espoir de rencontrer l'animal dont les cris affreux nous remplissaient d'effroi; mais la bête féroce ayant entendu du bruit auprès de la petite colline où elle était, fit un saut, passa par dessus la tête de mon père et disparut dans le bois. Mon père revint un peu effrayé de la hardiesse et de l'agilité de l'animal, et il remit sa chasse à la nuit suivante. Le lendemain au soir, il fit venir quelques nègres de l'île de Babaguey, qu'il réunit à ceux qui nous restaient, et s'étant mis à leur tête, il crut qu'il reviendrait bientôt avec les dépouilles du tigre. Mais l'animal carnivore ne reparut pas cette nuit-là; il se contenta de faire entendre ses miaulemens lugubres au milieu du bois. Mon père partit le lendemain matin pour le Sénégal où ses amis l'appelaient. Il nous recommanda bien, avant son départ, de fermer toutes les portes de notre habitation, afin de nous mettre en sûreté contre les bêtes féroces. Le soir, nous eûmes soin de barricader toutes les ouvertures de notre chaumière, et nous enfermâmes avec nous le chien qu'un ami de mon père nous avait envoyé la veille, pour remplacer celui que nous avions perdu. Mais ma sœur et moi, nous n'étions guère rassurées; car nos cases déjà délabrées nous faisaient craindre que le tigre ne s'y introduisît pour dévorer le successeur du pauvre *Sultan*. Cependant le nègre Etienne parvint à diminuer un peu nos craintes, en nous disant qu'il ferait durant la nuit, la ronde autour de nos cases. Nous nous couchâmes donc après avoir laissé notre lampe allumée. Vers le milieu de la nuit, je fus éveillée par un bruit sourd qui se faisait entendre à l'extrêmité de la grande chambre. J'écoute attentivement, bientôt ce bruit redouble : et j'entends distinctement notre chien qui grondait, j'entends aussi une espèce de rugissement semblable à celui du lion : saisie de la plus grande frayeur, j'éveille ma sœur Caroline, qui comme moi, pense qu'une bête féroce s'est introduite dans notre chaumière. A l'instant, notre chien se met à pousser des aboiemens effroyables, l'autre animal lui répond par un rugissement sourd, mais affreux ; tout ce vacarme se passe dans le cabinet de mon père ; nos sens sont glacés ; les enfans s'éveillent et viennent se précipiter dans nos bras ; mais aucun de nous n'ose sortir pour appeler le nègre Etienne à notre secours. Enfin, ma sœur et moi, nous nous décidons à aller voir ce qui pouvait causer tant de bruit. Ma sœur prend la lampe d'une main, et un bâton de l'autre, et moi je m'arme d'une longue lance. Arrivées au milieu de la grande case, nous distinguons au fond du cabinet de mon père, notre chien qui était aux prises avec un gros animal couvert d'un poil jaunâtre ; la peur nous suffoque ; nous ne doutons plus que ce ne soit un lion, ou au moins un tigre ; nous n'osons plus avancer ni reculer, et nos armes nous tombent des mains. Tout-à-coup, ces deux animaux furieux s'élancent dans la case où nous sommes ; l'air retentit de nos cris ; nos jambes fléchissent ; nous tombons évanouies, la lampe est éteinte ; nous nous croyons dévorées ; Etienne enfin éveillé, frappe à la porte, brise le crochet et une partie du chambranle, et le voilà auprès de nous ; il rallume la lampe, et nous reconnaissons notre erreur. Ce prétendu lion n'était autre chose qu'un gros chien de l'île de Babaguey, qui se battait avec le nôtre. Etienne les sépara avec un bâton ; et l'animal furieux qui venait de nous causer tant de frayeur, prit la fuite par le trou qu'il avait fait pour s'introduire chez nous. Nous bouchâmes ce trou et nous allâmes nous recoucher, mais sans pouvoir nous rendormir. Le lendemain matin, mon père arriva du Sénégal ; nous lui racontâmes la frayeur que nous avions eue dans la nuit, et sur-le-champ il se mit à réparer les murs de notre chaumière.

Nous étions au commencement de mai ; la récolte du coton était entièrement finie ; mais elle ne nous avait pas produit autant que nous avions espéré. Les pluies n'avaient pas été abondantes l'année précédente, ce qui fut cause du peu de développement que prirent nos cotonniers. Nous vîmes alors qu'il fallait encore plus économiser que jamais, pour pouvoir passer la mauvaise année qui se préparait. Nous nous mîmes donc entièrement à la nourriture des nègres. Nous prîmes aussi des habillemens plus convenables à notre position que ceux que nous portions ordinairement. Une pièce de coton grossièrement travaillée par les nègres, servit à nous faire des robes et des habits aux enfans. Mon père fut habillé avec de la grosse toile bleue. Afin d'adoucir un peu notre malheureuse existence, tous les dimanches, mon père envoyait un nègre au Sénégal, pour nous acheter deux ou trois livres de pain blanc; car c'était dans notre triste situation le plus grand régal qu'il put nous procurer.

Un dimanche soir, comme toute la famille était assise autour d'un grand feu, mangeant quelques petits pains qu'on venait d'apporter du Sénégal, un nègre de la grande terre remit une lettre à mon père; elle était de M. Renaud, chirurgien-major à Bakel en Galam, et nous annonçait pour surcroit de tous nos malheurs, que les marchandises que mon père avait envoyées à Galam, l'année précédente, avaient été presqu'entièrement consumées par les flammes. « A « présent, s'écria mon malheureux père, « ma ruine est complette. Rien de plus « funeste ne peut nous arriver. Vous « voyez, mes chers enfans, que la fortune ne se lasse point de nous persé« cuter. Nous ne devons donc plus rien « attendre d'elle, puisque la seule ressource qui nous restait, vient de nous « être enlevée par un incendie ! »

Ce nouveau malheur auquel nous étions loin de nous attendre, plongea notre famille dans la plus affreuse tristesse. Que d'infortunes ! Que de disgrâces ! m'écriai-je, il est temps de quitter cette terre de calamité ! Partons donc, allons retrouver la France ; là seulement nous pourrons oublier toutes nos misères; et vous cruels ennemis de mon père, qui avez à vous reprocher tous les malheurs que nous avons éprouvés dans ce pays, puissiez-vous, en punition de tout le mal que vous nous avez fait, être déchirés par les plus cuisans remords!

Il nous fallut toute la philosophie de mon père, pour nous rendre un peu de tranquillité, après la nouvelle du fatal évènement de Galam. Il y parvint en nous disant que le Ciel seul était juste et qu'il ne fallait plus rien attendre que de lui. Quelques jours après, nos amis du Sénégal vinrent nous rendre leur visite et nous témoignèrent la plus grande sensibilité. Ils arrêtèrent même entr'eux d'engager tous les européens de la colonie à venir à notre secours par une souscription volontaire; mais mon père s'y opposa, en disant qu'il ne voulait recevoir des secours que de ceux qui étaient vraîment ses amis. Le généreux M. Dard, Directeur de l'École francaise, ne fut pas le dernier à se rendre auprès de nous, aussitôt qu'il eut appris la malheureuse nouvelle de Galam ; il offrit cordialement à mon père tout l'argent qu'il possédait, et jusqu'à ses appointemens, pour nous avoir des vivres au magasin de la colonie; mais il ne put en obtenir. Après la visite des amis de mon père, nous nous trouvâmes moins malheureux, et nous jouîmes encore de la tranquillité dans notre pauvre chaumière. Mon père acheta une barrique de vin et deux de farine de froment, afin de ne point succomber à la saison pluvieuse ou hivernage, époque si funeste aux européens qui habitent la zone torride.

CHAPITRE XIV.

La famille Picard importunée par les moustiques, les serpens et les tigres, se décide à transporter sa Chaumière sur les bords du fleuve. — La basse-cour est dévorée par les bêtes féroces. — Misérable existence de cette famille. — Humiliations qu'elle reçoit. — Sa Chaumière est renversée par l'orage. — Les nègres cultivateurs forment le projet de déserter.

Nous n'étions encore qu'au commencement de juin 1819, et déjà les vents humides du sud, nous annonçaient l'arrivée prochaine de la mauvaise saison ou hivernage. Les tourbillons du nord ne nous apportaient plus les sables brûlans du désert; mais à leur tour ceux du sud-est nous envoyaient des nuées de sauterelles, de moustiques et de maringoins. Nous ne pouvions plus passer nos soirées à la chaumière, tant elle était remplie de ces insectes. Tous les soirs, nous sortions pour nous dérober à leurs piqûres, et nous ne rentrions à l'habitation, que quand le sommeil nous accablait. Un soir, en rentrant à la case, après une longue course à travers les cotonniers, nous apperçûmes un animal qui se traînait à pas lents dans les buissons; mais nous ayant entendus, il franchit une haie très-élevée, et disparut. A son agilité, nous reconnûmes que c'était un chat-tigre qui rôdait autour de la basse-cour, dans l'espoir d'attraper quelques poules dont cet animal est très-friand. Dans la même nuit, nous fûmes éveillées ma sœur et moi, par un bruit sourd qui se faisait entendre près de notre lit. Aussitôt nos idées se reportant sur le chat-tigre, nous crûmes que c'était lui que nous entendions ; nous nous levâmes sur-le-champ, et nous éveillâmes mon père. Nous étant armés tous les trois, nous reconnûmes en regardant sous notre lit, que le bruit que nous entendions, partait du fond d'un grand trou qui se prolongeait très-profondément dans la terre. Nous fûmes alors assurés que ce bruit était causé par un serpent ; mais il nous fut impossible de le trouver. Le chant de ce reptile nous avait tant effrayés, que nous ne pûmes nous rendormir. Cependant il fallut bien nous habituer à la musique de cette bête invisible ; car depuis lors, nous l'entendîmes exactement toutes les nuits. Quelque temps après la découverte de la tanière du reptile chanteur, ma sœur allant donner à manger à cinq ou six pigeons qu'elle élevait dans une petite case, apperçut un grand serpent qui lui parut avoir une aîle de chaque côté de la gueule ; aussitôt elle appela mon père, qui le tua d'un coup de fusil ; mais les ailes que ce reptile portait, avaient déjà disparu. Comme son ventre était prodigieusement gros, mon père dit aux nègres de l'ouvrir, et à notre grande surprise, nous y trouvâmes quatre pigeons de notre colombier. Ce serpent avait près de neuf pieds de long, sur neuf pouces de circonférence moyenne. Après l'avoir fait dépouiller, nous donnâmes sa chair aux nègres qui s'en régalèrent. Cependant ce serpent n'était point celui que nous entendions toutes les nuits : car le soir même de la mort de celui-ci, nous entendîmes encore le sifflement de son camarade. Nous nous décidâmes alors à chercher un emplacement plus convenable pour y transporter notre chaumière, et abandonner la butte aux serpens et le bois aux tigres. Nous choisîmes donc un terrain dans le sud de notre île, et tout prés des bords du fleuve.

Lorsque ce nouveau terrain fut préparé, mon père le fit entourer d'une claie de roseaux, et nous y transportâmes notre chaumière. Cette manière de transporter d'un lieu à un autre est très-expéditive; en moins de trois jours, nous fûmes installés dans notre nouveau domicile. Cependant, comme nous n'avions pas encore eu le temps d'y faire transporter la *basse-cour*, nous l'avions laissée sur la butte, en attendant que la place que nous lui destinions fût défrichée. Cette basse-cour était fermée de tous cotés, et recouverte d'un grand filet, afin d'empêcher les oiseaux de proie d'enlever nos petits poussins. Nous n'eûmes aucune crainte en la laissant seule pendant une nuit. Le lendemain matin, ma sœur accompagnée des enfans, alla donner à manger aux divers habitans de la *basse-cour;* mais en s'en approchant, elle voit l'entourage des roseaux à moitié tombé, le filet déchiré, et des plumes de poules et de canards éparses çà et là sur le chemin; étant arrivée au lieu où était notre ancienne chaumière, des tas de canards et de poules égorgés furent les seuls objets qui s'offrirent à sa vue. Elle envoya aussitôt un enfant à la nouvelle habitation, pour nous prévenir de ce désastre. Mon père et moi nous nous rendîmes aussitôt au lieu du carnage; mais il était trop tard pour prendre des précautions; toute notre *basse-cour* était égorgée. Deux poules et un canard avaient seuls échappé au massacre, en se blotissant au fond d'une vieille barrique. Nous comptâmes les volailles égorgées qui restaient dans la *basse-cour,* et nous trouvâmes que les bêtês féroces en avaient mangé la moitié; environ deux cents œufs de canards et de poules prêts à éclore, furent perdus en même temps que nos volailles, au nombre d'environ cent-cinquante.

Cette perte fut bien grande pour nous, qui comptions presque autant sur notre *basse-cour* que sur notre plantation ; cependant il fallut se résigner à ce nouveau malheur; car à quoi nos lamentations auraient-elles pu servir? le mal était fait, il ne nous restait plus qu'à prendre des mesures pour qu'un pareil accident n'eût plus lieu à l'avenir. La *basse-cour* fut aussitôt transportée à la nouvelle habitation, et nous eûmes soin de la faire entourer d'épines, afin d'empêcher les loups, les renards et les tigres d'en approcher. Nos deux poules et notre canard y furent placés, en attendant que nous pussions en acheter d'autres.

Notre nouvelle chaumière était comme

je l'ai déjà dit, située sur les bords du fleuve. Un petit bois de Mangliers et d'Icaques, qui se trouvait sur la gauche, présentait un coup-d'œil assez agréable. Mais ce bois marécageux nous donna tant de moustiques, que dès le premier jour, nous en fûmes importunés au point de ne pouvoir habiter notre chaumière pendant la nuit. Nous étions réduits à prendre notre Canot, et à aller nous promener sur le fleuve; mais nous n'y étions pas plus à l'abri des piqûres des insectes qu'à terre; quelquefois après une longue course, nous rentrions à la case, où malgré la chaleur qu'il y faisait, nous nous enveloppions dans de grosses couvertures de laine, pour passer la nuit; enfin lorsque nous étions exténués par la chaleur, nous emplissions notre habitation de fumée, ou nous allions nous plonger dans les eaux du fleuve.

Je dois dire que ce fut alors, que

nous nous trouvâmes les plus malheureuses créatures qui eussent jamais existé sur la terre. L'idée que nous avions de passer toute la mauvaise saison dans de si cruels tourmens, nous fit regretter cent fois de n'avoir pas péri dans notre naufrage. Comment, me disais-je, comment supporter l'insomnie, les piqûres de mille millions d'insectes, les exhalaisons putrides des marais, la chaleur du climat, la fumée de nos cases, les chagrins qui nous dévorent, et le manque des choses les plus nécessaires à la vie, sans succomber? aussi toute notre malheureuse famille était désolée, anéantie. Mon père, cependant, pour ne pas nous laisser entrevoir le chagrin qui le consumait, s'efforçait de prendre un air serein, quand son âme était en proie aux plus affreuses angoisses; mais à travers ce prétendu calme, il nous était facile de démêler les divers sentimens dont son cœur était affecté. Souvent il nous disait, ce bon père : « Mes en- « fans, je ne suis point malheureux, « mais je souffre de vous voir relégués « dans ces déserts. Si je pouvais réaliser « quelques fonds pour vous envoyer en « France, j'aurais au moins la satisfac- « tion de penser que vous y jouiriez de « la vie et que votre jeunesse ne se passe- « rait pas dans ces solitudes loin de « la société humaine ». Comment mon père, lui repliquai-je, comment pouvez-vous penser que nous pourrions être heureuses en France, quand nous saurions que vous êtes dans la misère en Afrique. Ah! ne nous affligez pas? vous le savez, et nous vous l'avons dit cent fois, notre unique désir est de rester auprès de vous, afin de vous aider à élever nos jeunes frères et sœurs, et de tâcher par nos soins, de nous rendre dignes de toute votre tendresse. Ce bon père alors nous pressait dans ses bras, et quelques larmes que nous voyions couler sur ses joues, adoucissaient momentanément nos souffrances.

Souvent pour éloigner nos pensées de la misère qui nous accablait, nous lisions quelques ouvrages de nos meilleurs auteurs; c'était ordinairement mon père qui en faisait la lecture, tandis que ma sœur et moi, nous travaillions en l'écoutant; nous nous amusions aussi quelquefois à tirer de l'arc et à faire la chasse aux canards sauvages et aux aigrettes qui se promenaient devant notre habitation. De cette manière nous parvînmes à dissiper un peu nos ennuis pendant le jour. Comme notre chaumière était située tout auprès de la rivière, nous nous occupions à la pêche, toutes les fois que la chaleur et les moustiques nous le permettaient. Ma sœur Caroline et nos jeunes frères étaient spécialement chargés de la pêche aux *crabes*, et ils en prenaient toujours assez pour le souper de toute la famille. Mais combien de fois n'avons-nous pas été forcés de renoncer à ce repas du soir. Les moustiques à cette heure, étaient en si grand nombre, qu'il nous était impossible de rester plus d'un instant à la même place, à moins de ne nous envelopper dans nos couvertures de laine. Mais les enfans n'étaient pas assez raisonnables pour se résoudre à se laisser ainsi étouffer de chaleur, ils ne pouvaient rester nulle part; à chaque instant leurs gémissemens douloureux, nous arrachaient des larmes de pitié. A chaque instant, ces infortunés s'écriaient : *Ah mon Dieu, j'ai trop chaud; j'ai faim; les moustiques me piquent; ça pique toujours, mais ça pique encore!*..........................

O cruel souvenir, que de larmes tu me fais encore répandre en écrivant ces lignes!

Vers le commencement de juillet, les pluies vinrent nous avertir qu'il était temps de semer. Nous commençâmes par les semis de cotonniers; ensuite nous nous occupâmes des champs de mil, de millet, de maïs et de haricots. Dès le grand matin, toute la famille allait à l'ouvrage; les uns bêchaient, les autres semaient, jusqu'à ce que l'ardeur du soleil nous forçât de rentrer à la chaumière où nous attendaient un plat de *Kouskous*, du poisson, et un peu de repos. A trois heures, tout le monde retournait aux champs, pour n'en revenir qu'à l'approche de la nuit. Alors nous rentrions tous, et chacun s'occupait soit à la pêche, soit à la chasse. Quand nous étions ainsi occupés à chercher notre souper et la provision du lendemain, nous recevions souvent la visite des chasseurs qui s'en retournaient au Sénégal; et si quelques-uns furent touchés de notre misère,

beaucoup d'autres nous firent essuyer des humiliations grossières. Aussi ma sœur et moi, fuyions-nous ces êtres mal élevés, comme les bêtes féroces qui nous avoisinaient. Quelquefois, pour nous faire oublier les insultes et les vexations que nous éprouvions de la part des marchands négriers qui venaient au Sénégal, et que la curiosité amenait dans notre île, mon père nous disait : « Quoi, mes enfans,
« vous vous affligez des impertinences
« de ces êtres là? mais pensez donc
« que malgré votre misère, vous êtes
« cent fois plus qu'eux, qui ne sont
« tous, que de vils marchands de chair
« humaine, que des fils de soldats sans
« mœurs, que des matelots enrichis,
« ou des flibustiers sans éducation et
« sans patrie ».

Un jour, un marchand négrier français, que je ne veux point nommer, remontant le fleuve du Sénégal, descendit chez le stationnaire de Babaguey; ayant apperçu notre chaumière dans le lointain; il demanda à qui elle appartenait: on lui répondit que c'était la demeure d'un père de famille que le malheur avait forcé de chercher un refuge dans cette île avec ses enfans. Il faudra que je l'aille voir, répliqua le marchand, cela doit être bien *drôle*. En effet, peu de temps après, nous eûmes la visite de ce curieux, qui après nous avoir dit toutes sortes d'impertinences, alla chasser dans nos cotonniers, où il tua le seul canard qui nous restait, et qu'il eut l'audace d'emporter, malgré nos réclamations. Heureusement pour l'insolent voleur, que mon père était absent, car il eût su venger la mort du canard que les tigres mêmes avaient respecté, lors du massacre de notre basse-cour.

Depuis le commencement de l'hivernage, nous n'avions encore eu que de petites pluies, lors qu'une nuit, nous fûmes éveillés par de grands coups de tonnerre. Un orage épouvantable grondait sur nos têtes, et l'ouragan brisait déjà les arbres de la campagne. Bientôt les éclairs sillonnent de toutes parts ; le bruit du tonnerre redouble, et des torrens d'eau se précipitent sur notre chaumière ; les vents soufflent avec plus de fureur, nos toits sont emportés, nos huttes s'affaissent, et toutes les cataractes du ciel nous inondent ; un fleuve a pénétré dans notre habitation ; toute notre famille mouillée, consternée, se réfugie sous les débris de nos murs de paille et de roseaux ; la plupart de nos effets surnagent et sont entraînés dans le fleuve qui nous avoisine ; tout le ciel n'est qu'un éclair ; la foudre éclate, tombe, et brise le grand mât du Brik français la *Nantaise*, qui était mouillé à peu de distance de notre île. Après cette épouvantable détonnation, le calme se rétablit insensiblement, tandis que le sifflement des serpens et les hurlemens des bêtes féroces se font entendre près de nous. Les insectes, les reptiles sortent de terre, et se répandent dans tous les endroits de notre chaumière que les eaux ne couvrent pas ; de gros scarabées volent de tous côtés en bourdonnant, et viennent s'attacher à nos vêtemens, pendant que les milie-pieds, les lézards et des crabes d'une grosseur prodigieuse, grimpent après les débris de nos cases. Enfin au bout de deux heures, la nature reprend sa tranquillité; le tonnerre cesse de se faire entendre; les vents tombent tout-à-coup, et l'air reste calme et pesant.

Après que l'orage fut passé, nous essayâmes de rétablir un peu nos cases; mais nous n'en pûmes venir à bout; il fallut se résigner à attendre le jour sous les débris de notre chaumière : voilà néanmoins, comme presque toutes nos nuits se passaient; en lisant ce récit, le lecteur n'a qu'une faible idée des privations, des souffrances, et des maux auxquels fut exposée l'infortunée famille Picard, pendant son séjour à l'île de Safal.

Vers ce temps, mon Père fut obligé d'aller au Sénégal; pendant son absence, nous apprîmes par les enfans, que les deux nègres qui nous restaient, avaient formé le projet de déserter dans la nuit; nous nous trouvâmes bien embarrassées et bien indécises ma sœur et moi, sur ce que nous avions à faire, pour prévenir leur désertion; enfin après avoir bien réfléchi aux conversations du jour, nous jugeâmes que le nègre Etienne devait-être du complot, et nous ne vîmes pas d'autres moyens d'en empêcher l'exécution que celui de nous armer chacune d'un pistolet, et de passer la nuit à les surveiller. Nous attachâmes fortement notre Canot à une chaîne, et nous nous assîmes, afin de mieux observer tous les mouvemens des nègres. Sur les neuf heures du soir, ces deux nègres vinrent sur les bords du fleuve; mais nous ayant apperçues, ils feignirent de vouloir pêcher; ils avaient effectivement à la main une petite ligne. M'étant approchée d'eux, je vis qu'ils n'avaient pas de hameçons. Je leur dis d'aller se coucher, et de remettre leur partie de pêche au lendemain. L'un d'eux s'avance près de notre Canot et s'y précipite, croyant pouvoir s'éloigner au large; mais comme il le trouva enchaîné, il en sortit tout honteux et alla se coucher avec son camarade. J'allai trouver le nègre Etienne que nous avions soupçonné être du complot; je lui fis part du projet des nègres cultivateurs, et le priai de nous aider à les surveiller pendant la nuit; il se leva aussitôt, prit le fusil de mon père, et nous dit de dormir tranquillement, attendu que seul, il suffirait pour leur imposer. Les nègres ne firent pas d'autres tentatives, espérant sans doute être plus heureux une autrefois. Dès qu'il fit jour, j'écrivis à mon père de revenir avant la nuit à Safal, parce que nous étions à la veille de perdre le reste de nos nègres; il arriva dans la soirée, bien résolu de ne plus quitter sa Chaumière. Mon père interrogea ces nègres sur leur projet de désertion, en leur demandant de quoi ils avaient à se plaindre : « Nous nous trouvons bien ici, « répondit l'un d'eux ; mais nous ne « sommes pas dans notre pays; nos parens et nos amis sont éloignés de nous; « on nous a ravi notre liberté; aussi « nous avons fait et nous ferons encore « tous nos efforts pour la recouvrer, « quand nous le pourrons. Il ajouta en

s'adressant à mon père : « Toi Picard,
« mon maître, si l'on t'arrêtait lorsque
« tu cultives ton champ, et qu'on t'em-
« menât bien loin de ta famille, ne fe-
« rais-tu pas tous tes efforts pour la re-
« joindre, et pour recouvrer ta liberté ? »
Mon père ne sachant trop que répondre,
lui dit : oui je le ferais. » *Nakamou* (eh
« bien), répartit le nègre, je suis dans
« le même cas; comme toi, je suis père
« d'une nombreuse famille ; j'ai encore
« ma mère, des oncles; j'aime ma femme,
« mes enfans, et tu trouves extraordi-
« naire que je veuille aller les rejoindre?»
Mon malheureux père attendri jusqu'aux
larmes par ces paroles, résolut de renvoyer ces nègres à la personne qui les
lui avait loués, afin de ne point l'exposer
à les perdre. S'il eût pensé comme bien
des colons, il aurait mis ces nègres aux
fers, en les traitant de rebelles; mais il
était trop philantrope, pour employer de

semblables moyens. Quelques jours après, la personne à laquelle mon père avait renvoyé ces deux nègres, nous en amena deux autres; mais ceux-ci étaient si indolens, qu'il nous fut impossible de les faire travailler à la culture.

CHAPITRE XV.

La colonie du Sénégal est en guerre avec les Maures. — La famille Picard est obligée d'abandonner l'île de Safal. — Elle va chercher un asile à Saint-Louis. — M. Picard loue un appartement pour sa famille, et retourne à Safal, avec l'aîné de ses garçons. — Toute l'infortunée famille tombe malade. — Retour de M. Picard au Sénégal. — Mort de la jeune Laure. — Désespoir de M. Picard. — Il veut retourner dans son île. — Ses enfans s'y opposent. — Il tombe dangereusement malade. — Les honnêtes gens de la colonie sont indignés de l'état de misère où le Gouverneur a laissé languir la famille Picard.

CEPENDANT nous semions toujours, et déjà plus de quatre-vingt mille pieds de cotonniers avaient été ajoutés à la plantation, lorsque nous fûmes dérangés de nos travaux par la guerre survenue entre la colonie et les Maures. Nous apprîmes qu'une partie de leurs troupes étaient à l'île de Bokos située à peu de distance de la nôtre. On nous dit que des marchands arabes et des *Maraboux* (prêtres musulmans) qui allaient ordinairement au Sénégal pour affaires de commerce, avaient été arrêtés par les soldats français. Dans la crainte que les Maures ne vinssent dans notre île et ne nous fissent prisonniers, nous résolûmes de nous rendre au chef-lieu de la colonie et d'y demeurer jusqu'à ce que l'orage fût passé. Mon père fit transporter tous nos effets dans la maison du Résident de l'île de Babaguey, après quoi nous quittâmes notre chaumière, et l'île de Safal. Tandis que le nègre Etienne conduisait péniblement le Canot qui portait notre famille, je parcourais des yeux les lieux que nous abandonnions, comme si j'eusse voulu leur faire un éternel adieu. En contemplant notre pauvre chaumière que nous avions reconstruite avec tant de peine, je ne pus m'empêcher de la regretter. Toute notre plantation, me disais-je, sera ravagée pendant notre absence; notre habitation sera incendiée, et nous perdrons en un instant, ce qui nous a coûté deux années de peines et de fatigues. Je fus tirée de ces réflexions par le choc du canot, qui venait de toucher la terre de Babaguey. Toute notre famille y descendit. Nous nous acheminâmes aussitôt vers la résidence de M. Lerouge; mais il était déjà parti pour le Sénégal. Nous trouvâmes sa maison encombrée de soldats, que le Gouverneur avait envoyés, pour défendre le poste de cette île contre les Maures. Mon père emprunta une petite chaloupe pour nous conduire au Sénégal. Pendant qu'on préparait cette embarcation, nous mangeâmes un morceau de pain de millet que j'avais eu la précaution de faire avant de quitter Safal; enfin sur les six heures du soir, nous nous embarquâmes pour l'île Saint-Louis, laissant nos nègres à Babaguey. Mon père promit à Etienne de venir le le rejoindre, aussitôt que notre famille serait en sûreté, afin de continuer les travaux de culture, s'il était possible.

Il était très-tard, lorsque nous arrivâmes au Sénégal; comme nous n'y avions pas de logement, un ami de mon père (M. Thomas), nous donna l'hospitalité; sa digne épouse nous combla d'honnêtetés. Pendant notre séjour dans l'île de Safal, mon père avait fait plusieurs fois le voyage du Sénégal; mais ma sœur et moi qui l'avions quitté depuis long-tems, nous nous trouvâmes comme dans un autre monde. L'isolement dans lequel nous avions vécu et les malheurs que nous avions essuyés, ne contribuaient pas peu à nous donner un air sauvage et embarrassé. Ma sœur caroline surtout était devenue si timide, qu'elle ne pouvait se résoudre à paraître en compagnie. Il est vrai que l'état de dénûment où nous étions réduites, entrait pour beaucoup dans la répugnance que nous témoignions de voir la société. N'ayant pour toute coëffure que nos cheveux, pour vêtemens qu'une robe de grosse toile mi-usée, sans bas et sans chaussure, il nous était très-pénible de paraître ainsi accoutrées au milieu d'un monde où jadis nous avions tenu un certain rang. La bonne madame Thomas voyant notre embarras, voulut bien nous dispenser de nous mettre à table, attendu qu'il s'y trouvait plusieurs personnes étrangères à sa maison. Elle nous fit servir à souper dans sa chambre, prétextant que nous étions indisposées.

De cette manière, nous échappâmes aux regards curieux et malins de plusieurs jeunes gens qui n'avaient pas encore été à l'école du malheur. Nous apprîmes alors qu'on nous désignait au Sénégal, sous différens noms, les uns nous appelaient les *Solitaires de l'île de Safal*, les autres, les *Exilés en Afrique*.

Le lendemain, mon père loua un appartement dans la maison d'un de ses anciens amis (M. Valentin). Après le déjeûner nous remerciâmes nos hôtes, et nous allâmes occuper notre logement. Il consistait en une grande chambre, dont les croisées donnaient sur un terrain rempli de cases délabrées. Aussi dès la première nuit, nous eûmes une si grande quantité de moustiques, que nous croyions être encore à Safal. Le jour suivant, mon père voulut retourner à sa plantation : ce fut en vain que nous lui représentâmes le danger auquel il allait s'exposer; rien ne put le détourner de son dessein. Cependant il nous promit de n'aller à Safal que pendant le jour, et de passer la nuit à l'habitation du stationnaire de Babaguey. Il ajouta que ce n'était pas seulement la guerre des Maures qui l'avait décidé à nous amener au Sénégal, mais encore l'état de souffrance, où se trouvait toute notre famille. Il est vrai que nos forces commençaient à diminuer considérablement. Le plus jeune de mes frères était depuis plusieurs jours atteint d'une forte fièvre; et en général nous étions tous atterrés par la misère. Mon père ayant pris avec lui l'aîné de ses garçons, partit pour son île de Safal, en nous promettant de venir nous voir tous les dimanches. Je l'accompagnai jusqu'à la porte de la cour, en lui recommandant surtout, de ne pas s'exposer, et de ménager une santé qui nous était si précieuse. Ce bon père m'embrassa, et me dit de n'avoir aucune crainte à son sujet, qu'il sentait trop que sa vie était nécessaire à ses enfans, pour l'exposer imprudemment. «Quant à « ma santé, ajouta-t-il, j'espère bien la « conserver aussi, à moins que le ciel n'en « ait décidé autrement». A ces mots, il me dit adieu et s'éloigna. Je rentrai dans la maison où je donnai un libre cours à mes larmes. Je ne sais quel pressentiment vint alors s'emparer de moi; il me sembla que je venais de voir mon père pour la dernière fois; et ce ne fut qu'au bout de trois jours, en recevant une lettre écrite de sa main, que je pus chasser ces noires idées. Mon père nous annonçait qu'il se portait bien, et que tout était tranquille à Safal. Le même jour, je lui écrivis pour l'informer de l'état de notre jeune frère qui se trouvait un peu mieux depuis la veille ; je lui envoyai en même temps quelques livres de pain frais et trois bouteilles de vin qu'une personne généreuse nous avait donnés. Le dimanche suivant, nous nous attendions à voir arriver notre père; mais un orage affreux qui gronda pendant toute la journée, nous priva de ce plaisir. Néanmoins nous recevions de ses nouvelles tous les deux jours, et elles étaient toujours satisfaisantes.

Vers les premiers jours d'août 1819, le meilleur ami de mon père (M. Dard), qui, dès le commencement de nos infortunes, nous avait tendu une main secourable, vint nous annoncer son prochain départ pour la France, et nous faire ses adieux. Nous le félicitâmes sur le bonheur qu'il avait de pouvoir quitter le triste pays du Sénégal. Après nous être entretenus quelques momens de notre malheureuse situation, et du peu d'espoir que nous avions d'en sortir, cet homme sensible sentant couler ses larmes prit congé de nous, me promettant d'aller voir mon père en passant devant Babaguey. Quelques jours après, notre jeune sœur tomba dangereusement malade. La fièvre me prit aussi, et en moins de quarante-huit heures, toute notre famille fut atteinte de la même maladie. Cependant, ma sœur Caroline avait encore assez de force pour nous soigner; et je dois dire que sans son courage, nous aurions peut-être tous succombé à la fièvre qui nous accablait. Cette bonne sœur n'osait écrire à mon père l'état déplorable où se trouvait sa famille. Mais hélas ! il fallut bien se résoudre à lui apprendre cette triste nouvelle. Je ne sais ce qui se passa pendant deux jours, depuis l'envoi de la lettre de ma sœur à mon père; le délire m'avait ôté toute connaissance. Lorsque cet accès fut un peu diminué, et qu'en reprenant mes sens, je pus reconnaître les personnes qui m'entouraient, je vis mon père qui pleurait auprès de mon lit. Sa présence ranima le peu de forces qui me restaient. Je voulus parler, mais mes idées étaient si confuses, que je ne pus proférer que quelques mots sans suite. J'appris alors que mon père informé de l'état dangereux où nous nous trouvions, était accouru au Sénégal avec l'aîné de mes frères qui avait aussi la fièvre. Mon père ne paraissait pas non plus très-bien portant; il nous dit, pour nous rassurer, qu'il attribuait son indisposition à une chûte qu'il avait faite en dormant sur un banc à l'habitation de Safal; mais nous nous apperçûmes bientôt que le moral était chez notre infortuné père, plus affecté que le physique. Souvent je le surprenais dans de sombres méditations; un air taciturne et égaré se peignait dans tous ses traits. Ce bon père qui avait résisté, avec le plus grand courage, à tant de chagrins et de malheurs, versait des torrens de larmes à la vue de ses enfans expirans.

Cependant, la maladie empirait tous les jours dans notre famille ; ma jeune sœur se trouvant plus mal, M. le docteur Quincey la vit et prescrivit tous les remèdes qu'il crut nécessaires pour la soulager. Vers le milieu de la nuit, cet enfant se plaignit d'un grand mal de ventre; après avoir pris ce que le médecin avait ordonné, elle s'assoupit, et nous la crûmes endormie. Ma sœur Caroline qui passait les nuits à nous veiller malgré son état de faiblesse, profita du moment de ce prétendu sommeil, pour prendre elle-même un peu de repos. Quelque tems après, elle voulut voir si la petite Laure dormait encore ; et levant le voile qui la couvrait, elle jette un cri perçant ; je m'éveille à ce cri lugubre, et ma sœur d'une voix tremblante me dit : Hélas ! Laure est morte ! Nos sanglots éveillent

bientôt notre malheureux père. Il se lève, et voyant les pâles couleurs de la mort sur le visage de son enfant, il s'écrie avec l'accent du désespoir : « C'en est
« donc fait, mes cruels ennemis jouiront
« de leur victoire ! Ils m'ont ravi le pain
« que je gagnais à la sueur de mon
« front pour nourrir mes enfans, ils ont
« sacrifié ma famille à leur haine im-
« placable ; qu'ils viennent donc jouir
« du fruit de leur délation, à la vue de la
« victime qu'ils ont immolée? Qu'ils vien-
« nent rassasier leur rage, à l'aspect de la
« misère dans laquelle il nous ont plongés.
« O cruel Sch....., ton barbare cœur
« ne peut être celui d'un Français. » En prononçant ces derniers mots, mon malheureux père s'éloigna, et fut se coucher sous la galerie qui se trouvait à la porte de la maison que nous habitions. Il resta long-tems enseveli dans une profonde méditation, sans que nous pus-

sions lui arracher une seule parole. Enfin, sur les six heures du matin, le médecin arriva et fut fort surpris d'apprendre la mort de la jeune Laure ; il s'approcha de mon père qui était comme insensible à tout ce qui se passait autour de lui, et l'interrogea sur l'état de sa santé. » Je
« me porte bien, répondit mon père,
« et je veux retourner à Safal ; car je m'y
« trouve mieux qu'ici ». Le médecin lui représenta que son état et celui de ses enfans ne lui permettaient pas de s'éloigner du Sénégal ; mais il fut inflexible. Voyant que rien ne pouvait le décider à rester à Saint-Louis, je me levai quoi que très-faible, et je fis chercher des nègres et un canot pour conduire toute notre famille à Safal. Pendant ce tems, un de nos amis s'occupait de faire inhumer le corps de notre jeune sœur ; mais mon père ne voulut pas qu'elle fût enterrée ailleurs que dans son île. Il fut

donc décidé que nous l'y conduirions nous-mêmes. Cependant pour ne pas avoir un aussi triste spectacle sous les yeux pendant la traversée, j'empruntai un second canot pour y déposer le corps de la jeune Laure. Ayant fait attacher ce canot derrière celui qui devait nous conduire, nous prîmes nos jeunes frères dans nos bras et nous allâmes nous embarquer. Arrivés vis-à-vis de la maison qu'occupait M. Thomas, mon père se sentit fortement indisposé. Je profitai de cette circonstance pour l'engager à descendre chez son ami, espérant que nous parviendrions à le dissuader de retourner à Safal. Il y consentit sans peine; mais nous ne fûmes pas plutôt entrés dans cette maison, que mon père se trouva très-mal. Nous fîmes aussitôt appeler le médecin, qui lui trouva tous les symptômes des fièvres pernicieuses. Nous le couchâmes, et toute notre famille éplorée resta auprès de son lit, tandis que le canot qui conduisait les restes de notre jeune sœur, prenait la route de Safal. M. Thomas s'occupa de nous trouver un logement plus sain que celui que nous venions de quitter. Cependant le malheureux état de mon père était tellement empiré, qu'il lui fut impossible de pouvoir marcher ; nous fûmes donc obligés de le mettre dans un fauteuil pour le transporter à notre nouvelle demeure. Tous les honnêtes gens du Sénégal ne purent alors contenir l'indignation dont ils étaient animés contre le gouverneur Sch....., dont la conduite plus qu'inhumaine envers notre famille, était la principale cause de tous nos malheurs. On se porta à son hôtel, et l'on ne craignit point de lui dire hautement, qu'il était honteux pour le chef de la colonie, de laisser ainsi périr de misère une famille entière. M. Sch....., soit qu'il fût sensible à ces reproches, soit qu'il fût enfin revenu à des sentimens plus humains envers nous, fit parvenir secrètement à notre habitation quelques provisions. Nous les recûmes dans la persuasion qu'elles nous venaient de quelque ami de mon père; mais ayant ensuite appris que c'était le Gouverneur qui nous les avait envoyées, mon père me dit de les lui renvoyer. Je ne crus pas devoir le faire, attendu qu'une partie de ces provisions était déjà consommée, et que d'ailleurs, dans la détresse à laquelle nous étions réduits, je me plaisais à croire que le Gouverneur voulait enfin réparer ses torts envers notre famille. Mais hélas! ces secours arrivèrent trop tard; l'instant fatal approchait où mon père devait enfin succomber sous le poids de tant d'infortunes.

CHAPITRE XVI ET DERNIER.

M. Dard que les vents contraires retenaient depuis dix jours en rade de Saint-Louis, descend à terre, pour aller voir M. Picard. — Agonie de M. Picard. — Ses dernières paroles. — Sa mort. — Désespoir de ses enfans. — M. Thomas donne l'hospitalité aux enfans Picard. — L'aînée des demoiselles va pleurer sur la tombe de son père. — Sa résignation. — M. Dard se fait débarquer, rend son congé et adopte tous les débris de la famille Picard. — M. Dard épouse l'aînée des demoiselles Picard, et ensuite la ramène en France.

Le lendemain de notre installation dans notre nouveau logement, mon père me dit d'aller à l'île de Babaguey, afin d'en rapporter les effets qu'il y avait laissés chez le Stationnaire. Comme je me trouvais un peu mieux depuis quelques jours, j'empruntai un canot et je partis, laissant à ma sœur Caroline le soin des malades. Arrivée à Babaguey, j'eus bientôt terminé mes affaires. J'étais sur le point de repartir pour le Sénégal, lorsqu'il me vint dans l'esprit d'aller jusqu'à Safal. M'étant donc fait transporter par deux nègres, de l'autre côté du fleuve, je parcourus d'abord la plantation; ensuite je visitai notre Chaumière, que je trouvai telle que nous l'avions laissée. Enfin, je dirigeai mes pas vers le tombeau de ma belle-mère, dans lequel on venait de déposer le corps de ma petite sœur. Je m'assis sous les arbrisseaux qui ombrageaient ce séjour du repos, et je restai long-tems ensevelie dans de tristes réflexions. Tous les malheurs que notre famille avait éprouvés depuis notre naufrage, vinrent alors se retracer à mon imagination, et je me demandai comment j'avais pu tous les supporter? en cet instant, il me sembla qu'une voix secrète me disait : bientôt, tu en auras d'autres plus grands encore à déplorer. effrayée par ces tristes pressentimens, je voulus me lever; mais mes forces m'abandonnèrent et je tombai à genoux sur la tombe. Après avoir adressé ma prière à l'Eternel, je me sentis un peu plus tranquille. Je quittai ce lieu de douleur, et le vieil Etienne me reporta sur la terre de Babaguey où mon canot m'attendait. La chaleur ce jour-là était accablante; cependant j'aimai mieux m'exposer aux rayons brûlans du soleil, que d'attendre la fraîcheur du soir, pour retourner auprès de mon père. A mon arrivée à Saint-Louis, je le trouvai dans une violente colère contre un certain personnage de

la colonie qui, sans avoir égard à son état, lui avait dit les choses les plus humiliantes. Cette scène ne contribua pas peu à aggraver la maladie de mon père : car dès le soir du même jour, la fièvre le reprit, et un délire effrayant anéantit toutes ses facultés : nous passâmes une nuit terrible ; à chaque instant nous croyions le perdre. Le jour suivant n'apporta que très-peu de changement à son malheureux état ; seulement par intervalle, il reprenait sa connaissance. Dans un de ces momens où nous espérions qu'il pourrait recouvrer la santé, M. Dard, que nous croyions déjà bien loin du Sénégal, entra chez nous. Mon père le reconnut aussitôt, et le fit asseoir auprès de son lit ; puis lui prenant la main il lui dit : « Je touche
« à mon dernier moment ; le Ciel dont
« j'adore les décrets, va bientôt me re-
« tirer de ce monde ; mais une conso-

« lation me reste ; c'est de penser que
« vous n'abandonnerez pas mes enfans,
« je vous recommande ma fille aînée ;
« vous lui êtes cher, n'en doutez plus :
« puisse-t-elle devenir votre épouse, et
« vous tenir lieu d'un ami sincère, comme
« vous avez toujours été le mien ». En
prononçant ces mots, mon père me prit
les mains, et les porta sur ses lèvres
brûlantes. Les sanglots étouffaient ma
voix ; mais je le pressai tendrement dans
mes bras ; comme il vit que j'étais extrêmement affectée de sa situation, il se
hâta de me dire : « Ma fille ! j'ai besoin
« de repos ». Je le quittai aussitôt, et
fus rejoindre M. Dard, qui s'était retiré
dans un cabinet où se trouvaient ma sœur
Caroline et la bonne madame Thomas.
Cet ami sincère voyant l'état déplorable
où nous étions réduits, chercha à nous
consoler, et à nous donner de l'espoir ;
il nous dit, qu'ayant appris la maladie

de mon père à bord du brik le *Vigilant*, sur lequel il était embarqué en rade de Saint-Louis, il avait obtenu de descendre à terre pour le venir voir et lui offrir quelques secours; après quoi il nous quitta en nous promettant de revenir le lendemain.

Vers le milieu de la nuit (c'était le 15 août 1819), il me sembla que mon père voulait me parler; je m'approchai de lui, et le voyant pâle et l'œil égaré, je détournai la tête pour lui cacher des pleurs que je ne pouvais retenir; mais s'étant apperçu de mon trouble, il me dit d'une voix mourante : « Pourquoi tant t'affli-
« ger, mon enfant ! Ma dernière heure
« approche, je ne puis l'éviter; réunis
« donc toutes les forces de ton âme pour
« supporter ma mort avec courage. Ma
« conscience est pure, je n'ai rien à
« me reprocher; je mourrai en paix, si
« tu me promets d'élever les jeunes en-

« fans que je vais bientôt quitter. Fais
« aussi connaître aux âmes sensibles la
« suite non interrompue des malheurs
« qui m'ont accablé; dis l'état d'aban-
« don dans lequel nous avons vécu, dis
« enfin, qu'en mourant je pardonne à
« mes ennemis tous les maux qu'ils
« m'ont fait endurer ainsi qu'à ma fa-
« mille ! » A ces mots je tombai sur
son lit, et m'écriai : Oui, cher père,
je vous promets de faire tout ce que vous
me demandez. Je parlais encore, lorsque
ma sœur Caroline entrant dans la chambre se précipita sur le lit de mon père
et l'embrassa tendrement, tandis qu'il
me tenait par la main; nous gardions
l'une et l'autre un profond silence, qui
n'était interrompu que par nos sanglots.
Pendant cette scène déchirante, notre
malheureux père s'adressant encore à moi,
me dit : « Ma bonne Charlotte, je te
« remercie des soins que tu m'as don-

« nés ; je vais mourir, mais je vous laisse
« sous la protection de mes amis qui ne
« vous abandonneront point. N'oubliez
« jamais les obligations que vous avez
« déjà à M. Dard ; le Ciel vous aidera ;
« Adieu, je vais vous devancer dans un
« meilleur monde ». Ces paroles prononcées avec effort, furent les dernières qu'il proféra. Il tomba aussitôt dans un état d'agonie. Tous les médecins de la colonie sont appelés, mais les remèdes qu'ils prescrivent, ne produisent aucun effet. L'agonie dura plus de six heures, pendant lesquelles nous flottâmes entre l'espérance et le désespoir. O nuit horrible ! Nuit de deuil et de désolation ! Qui pourra jamais décrire les angoisses, les tourmens et tout ce que l'infortunée famille Picard ressentit pendant ta durée. Mais l'instant fatal approche ; le médecin qui s'en apperçoit, sort : je le suis, et cherchant encore à me faire illu-

sion sur le malheur qui nous menace, je l'interroge en tremblant. Ce digne homme ne peut dissimuler; il me prend la main et me dit : » Ma chère demoi-
« selle, le moment est arrivé où vous
« avez besoin de vous armer de courage ;
« c'en est fait de M. Picard ; il faut
« vous soumettre à la volonté de Dieu ».
Ces paroles furent pour moi un coup de foudre. Je rentre aussitôt fondant en larmes; mais hélas ! Mon père venait de rendre le dernier soupir.

Un malheur aussi affreux me plongea dans un état pire que la mort. Sans cesse je souhaitais qu'elle vînt mettre fin à ma déplorable vie. Les amis dont j'étais entourée faisaient tous leurs efforts pour me calmer; mais mon âme abîmée dans la douleur se refusait à toutes les consolations. O Dieu ! m'écriai-je, comment est-il possible que vous me laissiez vivre encore ? La douleur que je sens ne devrait-elle pas me faire suivre mon père au tombeau ? Il fallut employer la force pour nous arracher de ce lieu d'horreur et d'effroi. Madame Thomas nous entraîna chez elle, pendant que nos amis s'occupaient des funérailles de notre malheureux père. Je restai long-tems sans connaissance. Quand j'eus repris mes sens, mon premier soin fut de prier les personnes chez lesquelles nous étions, de faire porter le corps de mon père à l'île de Safal, pour être déposé, selon ses intentions, auprès des restes de son épouse. Des amis l'y accompagnèrent. Quelques heures après le départ du convoi funèbre, le Gouverneur Sch...... se reprochant sans doute l'abandon dans lequel il nous avait laissés pendant si long-tems, donna ordre qu'on prît soin des restes de notre infortunée famille ; il se rendît lui-même chez M. Thomas ; sa présence me fit une telle impression que je tombai en défaillance. Cependant nous crûmes devoir accepter les secours qu'il venait nous offrir, convaincus que c'était moins au gouverneur du Sénégal que nous en étions redevables, qu'au Gouvernement français dont il ne faisait que remplir les intentions.

Plusieurs jours se passèrent sans que l'on pût modérer ma douleur; mais enfin nos amis me représentèrent que je me devais tout entière aux jeunes orphelins qui nous restaient, et auxquels j'avais promis de tenir lieu de mère. Je sortis alors de mon état d'indifférence, et me rappelant les devoirs que j'avais à remplir, je portai toute mon affection sur les êtres innocens que mon père m'avait confiés en mourant. Néanmoins je n'étais pas tranquille; le désir de voir le lieu où reposait la dépouille mortelle de mon respectable père, me tourmentait.

On voulut m'en détourner; mais comme l'on vit que j'avais besoin de verser des larmes en secret, on n'insista pas davantage. Je partis donc seule pour l'île de Safal, laissant à ma sœur Caroline le soin de veiller sur les enfans, dont deux étaient encore dangereusement malades. Quels changemens je trouvai dans notre habitation! la personne qui nous avait loué ses nègres, les en avait retirés secrètement; l'herbe croissait par-tout; les cotonniers languissaient faute de culture; les champs de mil, de millet, de maïs et de haricots avaient été dévorés par les troupeaux du boucher de la colonie; notre chaumière était à moitié pillée; les livres et les papiers de mon père enlevés. Le vieil Etienne habitait encore Safal; je le trouvai qu'il ramassait du coton. Dès qu'il m'apperçut, il vint à moi; et lui ayant demandé s'il voulait continuer de rester à la plantation,

il me répondit en sanglotant : « J'y res-
« terai toute ma vie ; mon bon maître
« ne vit plus, mais il est toujours ici ; je
« veux travailler pour nourrir ses enfans. »
Je lui promis à mon tour de le garder
tant que nous resterions en Afrique. Ensuite je me traînai vers le tombeau de
mon père. Les arbres qui l'entouraient,
étaient couverts de la plus belle verdure ;
leurs branches épineuses s'étendaient au-
dessus de la tombe, comme pour la ga-
rantir des ardeurs du soleil. Le silence
qui regnait dans ce lieu solitaire, n'était
troublé que par le gazouillement des oiseaux, et par le frémissement du feuillage
qu'un vent léger agitait. A la vue de cet
asile sacré, je me sentis tout-à-coup pé-
nétrée d'un sentiment religieux ; je tombai à genoux sur l'herbe, et appuyant ma
tête sur la pierre humide, je restai long-
temps dans une profonde méditation ;
puis sortant tout-à-coup de cet état de

recueillement, je m'écriai : « O mânes
« chéries du meilleur des pères! je ne
« viens point ici pour troubler votre
« repos; mais je viens demander à celui
« qui peut tout, la résignation à ses
« augustes décrets; je viens encore pro-
« mettre au digne auteur de mes jours,
« de donner tous mes soins aux jeunes
« orphelins qu'il a laissés sur la terre;
« je promets aussi de faire connaître aux
« ames sensibles, tous les malheurs qu'il
« a éprouvés avant d'être précipité dans
« ce tombeau. » Après une courte prière,
je me relevai, et retournai à la chaumière. Pour consacrer un monument à
la mémoire de mon père, je déplantai
deux *Cocos* qu'il avait mis en terre quelques mois avant sa mort, et j'allai les
replanter auprès du tombeau. Enfin je
donnai mes ordres au nègre Etienne,
et revins trouver les restes de notre famille au Sénégal.

Le lendemain, M. Dard vint nous voir chez M. Thomas. Ce digne ami de mon père, nous dit qu'il ne pouvait abandonner au Sénégal des orphelins qu'il avait promis de secourir. Je vais, ajouta-t-il, rendre au Gouverneur le congé que j'en avais reçu pour aller passer six mois en France, et je me charge de pourvoir à tous vos besoins, en attendant que je puisse vous ramener à Paris. Un dévouement aussi généreux m'attendrit jusqu'aux larmes; je remerciai notre bienfaiteur, et il se retira dans la chambre de madame Thomas. Lorsqu'il fut parti, madame Thomas me prit à part et me dit que non-seulement M. Dard avait l'intention d'adopter les débris de notre famille, mais qu'il voulait aussi m'offrir sa main, aussitôt que notre deuil serait fini. Cette confidence, je l'avoue, ne me déplut point : car il m'était bien doux de penser que l'homme bienfaisant qui

nous avait déjà prodigué tant de secours dans notre détresse, ne dédaignât pas d'unir son sort à celui d'une pauvre orpheline. Je me rappelai alors ce que mon malheureux père m'avait dit dans le plus fort de nos adversités. « M. Dard, me disait
« ce bon père, est un estimable garçon,
« dont l'attachement pour nous ne s'est
« jamais démenti malgré nos infortunes;
« et je suis certain qu'il préférerait dans
« une épouse, la vertu à toutes le richesses ».

Quelques jours après, notre bienfaiteur vint nous annoncer qu'il avait fait débarquer tous ses effets, et qu'il allait reprendre ses fonctions de Directeur de l'Ecole française du Sénégal. Nous conversâmes long-temps ensemble sur les affaires de mon père, et il prit ensuite congé de nous. Cependant comme l'un de mes jeunes frères était très-mal, M. Dard revint le soir du même jour pour s'informer de son état. Il nous trouva dans les pleurs ; car l'innocente créature venait d'expirer dans mes bras. M. Dard et M. Thomas s'occupèrent aussitôt de son inhumation, attendu que tout son corps tombait déjà en putréfaction. Nous eûmes bien soin de cacher cette mort à l'aîné de nos frères, qui ayant une raison bien au-dessus de son âge, n'aurait pas manqué de s'en affliger beaucoup. Néanmoins le jour suivant, le pauvre Charles demanda où était son frère Gustave ; M. Dard qui se trouvait auprès de son lit, lui dit qu'il était à l'école ; mais il reconnut la feinte, et se mit à pleurer, en disant qu'il voulait un chapeau pour aller voir à l'école si réellement Gustave était encore vivant. M. Dard eut la bonté d'aller lui en acheter un, afin de le calmer. Quand il vit le chapeau, Charles fut plus tranquille, et remit au lendemain, d'aller voir si son frère était à l'école. Cette jeune victime de la misère traîna encore pendant deux mois sa triste existence ; et sur la fin d'octobre, nous eûmes la douleur de le voir succomber.

Ce dernier malheur me plongea dans une sombre mélancolie, j'etais indifférente à tout. Je venais de voir mourir en trois mois, presque tous mes parens. Un jeune orphelin (Alphonse Fleury), âgé de cinq ans, notre cousin dont mon père était le tuteur, et qu'il avait toujours soigné comme son propre fils, ma sœur Caroline et moi étions tout ce qui restait de l'infortunée famille Picard, qui, en partant pour l'Afrique, était composée de neuf personnes. Encore nous attendions-nous à suivre de près nos chers parens au tombeau ! Cependant nos amis, à force de soins et d'attentions, parvinrent peu à peu à ramener le calme dans nos âmes et à éloigner de notre esprit, les cruels souvenirs qui nous affligeaient ; nous recouvrâmes la tranquillité et pûmes enfin nous livrer à l'espoir d'être moins malheureux. Cet espoir n'a point été vain ; notre bienfaiteur M. Dard, devenu depuis lors mon époux, a recueilli les débris de notre malheureuse famille et s'est montré digne de nous servir de père. Ma sœur Caroline ensuite a épousé M. Richard, botaniste-agriculteur, attaché aux établissemens agricoles de la colonie.

Partie du Sénégal avec mon époux et le jeune Alphonse Fleury mon cousin, sur le bâtiment du roi, *la Ménagère*, le 18 novembre 1820, nous sommes heureusement arrivés à l'orient, le 31 décembre suivant. Peu de jours après notre débarquement, nous sommes allés à Paris où nous avons fait un séjour de deux mois. Enfin nous sommes venus dans la patrie de mon époux, à Bligny-sous-Beaune, département de la Côte-d'Or, où j'ai eu le bonheur de trouver de nouveaux parens, dont la tendre amitié me console de la perte, de ceux que la cruelle mort m'a ravis en Afrique.

FIN

TABLE

DES MATIÈRES.

CHAPITRE PREMIER.

M. Picard fait un premier voyage en Afrique, laissant à Paris son épouse et ses deux jeunes filles. — Mort de Madame Picard. — Ses enfans sont reçus chez leur grand-père. — Retour de M. Picard après neuf ans d'absence. — Il se remarie et part, peu de temps après, avec toute sa famille, pour le Sénégal. — Description du voyage de Paris à Rochefort. . . . . page 1

CHAPITRE II.

Départ de Rochefort. — La famille Picard s'embarque sur la frégate la Méduse. — Description du voyage jusqu'au banc d'Arguin.................. pag. 18

CHAPITRE III.

La frégate la Méduse échoue sur le banc d'Arguin. — Description de ce naufrage. — On construit un Radeau. — On jure de ne point abandonner ceux qui voudront s'y embarquer. pag. 32

CHAPITRE IV.

Le gouvernail de la Méduse est brisé par les vagues. — On se décide à abandonner les débris de cette Frégate. — Les militaires sont embarqués sur le Radeau. — La plupart des chefs se placent dans les Canots. — La famille Picard est abandonnée sur la Méduse. — Procédé que M. Picard emploie pour faire recevoir sa famille à bord d'un Canot......... pag. 45.

CHAPITRE V.

Départ des embarcations. — Elles paraissent vouloir remorquer le Radeau. — Conduite généreuse d'un officier de marine. — Abandon du Radeau. — Désespoir des malheureux qu'on abandonne à la fureur des flots. — Reproches de M. Picard aux auteurs de l'abandon du Radeau. — Description du petit convoi que forment les embarcations. — Sort affreux et fin déplorable de la majeure partie des individus du Radeau............ pag. 57

CHAPITRE VI.

Les chefs de l'expédition ordonnent aux Canots de faire route dans la direction du Sénégal — Objections de quelques généreux officiers — On reconnaît les côtes du désert de Sahara — Il est défendu d'y aborder — Les matelots du Canot-Major veulent y descendre — Ce Canot où se trouve la famille Picard fait beaucoup d'eau — Souffrances inouies — Terrible position de la famille — Tempête affreuse — Désespoir des passagers............ pag. 77

CHAPITRE VII.

Après une tempête des plus affreuses, le Canot où se trouve la famille Picard veut encore faire route pour le Sénégal.

— *Cruelle alternative où se trouvent les passagers de ce Canot.* — *On se décide enfin à atteindre la côte.* — *Description du débarquement.* — *Transports des naufragés*............ pag. 91

CHAPITRE VIII.

Les naufragés forment une caravane pour se rendre par terre au Sénégal. — *Ils trouvent de l'eau dans le désert.* — *Quelques personnes de la caravane opinent pour qu'on abandonne la famille Picard.* — *Conduite généreuse d'un vieux capitaine d'infanterie.* — *Découverte d'un Oasis de pourpier sauvage.* — *Premier repas de la caravane dans le désert.* — *On rencontre un petit camp d'Arabes.* — *M. Picard achète deux chevreaux.* — *Des Maures offrent leurs services aux naufragés. — On arrive ensuite au grand camp des Maures. — M. Picard est reconnu par un Arabe. — Généreux procédé de cet Arabe. — Départ précipité de la caravane. — On loue des ânes*........ pag. 103

CHAPITRE IX.

La caravane regagne les bords de la mer. — On apperçoit un navire. — Il envoie des secours à la caravane. — Grande générosité d'un Anglais. — Continuation du voyage. — Chaleur extraordinaire. — On tue un bœuf. — Repas de la caravane. — On découvre enfin le fleuve du Sénégal. — Joie des naufragés. — M. Picard reçoit des secours de la part de ses anciens amis du Sé-

négal. — *Hospitalité des habitans de l'île Saint-Louis du Sénégal, envers toutes les personnes de la caravane*... pag. 127.

CHAPITRE X.

Les Anglais refusent de rendre la colonie du Sénégal aux Français. — Toute l'expédition française est obligée d'aller camper sur la presqu'île du Cap-Vert. — La famille Picard obtient du Gouverneur anglais, la faveur de rester au Sénégal. — Pauvreté de cette famille. — Secours qu'elle reçoit. — Entreprise de M. Picard. — Reddition de la colonie aux Français. — Description du Sénégal et de ses environs. pag. 159.

CHAPITRE XI.

La maladie et la mort de Madame Picard viennent troubler le repos dont jouit sa famille. — M. Picard tourne ses vues du côté du commerce. — Mauvais succès de ses entreprises. — Désagrément que lui attire l'état malheureux des affaires de la Colonie. — Défrichement de l'île de Safal. — Plusieurs Négocians dénoncent M. Picard comme faisant le commerce. — Départ de l'expédition de Galam. — M. Picard est destitué de son emploi de Greffier-Notaire. — L'aînée de ses filles va habiter l'île de Safal avec deux de ses frères. p. 186.

CHAPITRE XII.

L'aînée des demoiselles Picard habite l'île de Safal. — Sa manière de vivre. — Souffrances qu'elle endure. — Elle cueille des fleurs qui recélaient un poison délétère. — Ses deux frères tombent ma-

lades. — Ils sont conduits au Sénégal. — Mademoiselle Picard accablée d'ennuis et de tristesse, tombe malade à son tour. — Dénûment où elle se trouve. — Un nègre lui fait du bouillon avec un vieux milan. — Retour de mademoiselle Picard au Sénégal. — Sa convalescence. — Son retour à l'île de Safal. — M. Picard va habiter son île avec toute sa famille. — Description et ameublement de la Chaumière africaine. —Vie champêtre. — Bonheur du coin du feu. Promenades de la famille. — Petit bien-être dont elle jouit...... pag. 201

CHAPITRE XIII.

Nouveaux malheurs. — Désertion des nègres cultivateurs. — Retour de monsieur Schmaltz au Sénégal. — Espoir trompé.

— Le gouverneur Schmaltz refuse toute espèce de secours à la famille Picard. — Les tigres dévorent le chien de l'habitation. — Terreur panique des demoiselles Picard. — Mauvaise récolte. — Cruelle perspective de la famille. — Surcroit de malheur. — Quelques personnes généreuses offrent des secours à M. Picard. .... pag. 224

CHAPITRE XIV.

La famille Picard importunée par les moustiques, les serpens et les tigres, se décide à transporter sa Chaumière sur les bords du fleuve. — La basse-cour est dévorée par les bêtes féroces. — Misérable existence de cette famille. — Humiliations qu'elle reçoit. — Sa Chaumière est renversée par l'orage. — Les nègres cultivateurs forment le projet de déserter. .... pag. 243

CHAPITRE XV.

La colonie du Sénégal est en guerre avec les Maures. — La famille Picard est obligée d'abandonner l'île de Safal. — Elle va chercher un asile à Saint-Louis. — M. Picard loue un appartement pour sa famille, et retourne à Safal, avec l'aîné de ses garçons. — Toute l'infortunée famille tombe malade. — Retour de M. Picard au Sénégal. — Mort de la jeune Laure. — Désespoir de M. Picard. — Il veut retourner dans son île. — Ses enfans s'y opposent. — Il tombe dangereusement malade. — Les honnêtes gens de la colonie sont indignés de l'état de misère où le Gouverneur a laissé languir la famille Picard... pag. 265

CHAPITRE XVI ET DERNIER.

M. Dard que les vents contraires retenaient depuis dix jours en rade de Saint-

Louis, descend à terre, pour aller voir M. Picard. — Agonie de M. Picard. — Ses dernières paroles. — Sa mort. — Désespoir de ses enfans. — M. Thomas donne l'hospitalité aux enfans Picard. — L'aînée des demoiselles va pleurer sur la tombe de son père. — Sa résignation. — M. Dard se fait débarquer, rend son congé et adopte tous les débris de la famille Picard. — M. Dard épouse l'aînée des demoiselles Picard, et ensuite la ramène en France.

FIN.

LIVRES DE FONDS

Qui se trouvent chez NOELLAT, *Imp.-Lib.*, rue au Change, *A DIJON.*

Sur les prix nets *de cette notice*, MM. les LIBRAIRES *jouiront d'un crédit de* six mois *de terme, pour les demandes qui excéderont* 100 fr., *et de l'escompte de* 10 p. o/o, *s'ils préfèrent payer comptant.*

Alphabet ou *Réglement des Écoles chrétiennes*, tout en français; in-18, 10 c. | 4 f. 00 | 4 f. 50 | 00 f. 00 (*).

Le même, gros caract., rev. et aug., in-16, 15 c. 6 50 | 7 50 | 000.

Abrégé de la Doctrine chrétienne, par l'abbé DE LA HOGUE; in-18, piqué et rogné, 25 c. 12 50 | 15 00 | 20 00.

Abrégé de la vie de J.-C.; in-12, 30 c. | 18 00 | 20 00 | 28 00.

Abrégé de l'histoire du Nouveau Testament, ou Précis de la Vie de J.-C. et des Apôtres, précédé d'un Précis de l'Ancien Testament, par J.-B. NOELLAT, in-18, avec une couverture imprimée, 45 c. | 25 00 | 30 00 | 40 00.

(*) Le premier prix est le prix particulier; les trois autres sont les prix libraires, en feuilles, broché, et cartonné.

Nota : Le sieur NOELLAT, ayant etabli à Dijon, depuis deux ans, une Imprimerie toute en caractères neufs, offre ses services à MM. les ÉDITEURS et LIBRAIRES pour l'impression de leurs ouvrages, qui seront corrigés soigneusement, et dont les prix seront des plus modiques possibles.

Abrégé d'Arithmétique décimale, contenant toutes les opérations du calcul, etc., à l'usage des Ecoles primaires; in-12, 75 c. | 25 00 | 30 00 | 40 00.

Catéchisme (petit) à l'usage du Diocèse de Dijon; in-18, 10 c. | 4 50 | 5 00 | 0 00.

Catéchisme (grand), même usage; in-18, 1823, cart. 35 c. 15 00 | 20 00 | 25 00.

Catéchisme historique, de FLEURY, nouv. édit. à laquelle on a ajouté la Messe et les Vêpres, et la manière de répondre à la Messe en la servant; jolie édition in-18, 1823, cart. 40 c. 15 00 | 20 00 | 25 00.

Devoirs du chrétien; in-12, cart. 1 fr. | 65 | 70 85.

Grammaire française (élémens de la) par *Lhomond*, nouv. édit.-rev. avec soin; corr. et aug. de *l'Analyse grammaticale* et de *l'Analyse logique*, etc. in-12, 40 c. | 15 00 20 00 | 25 00.

La même, à laquelle l'Éditeur a ajouté le *Dictionnaire des Homonymes*, augmenté de moitié, et un *Tableau des principales Locutions vicieuses* les plus usitées dans la société, corr. d'après le Dict. de l'Acad.; in-12, 1823, cart. 50 c. | 18 00 | 25 00 | 30 00.

Guide des enfans (le), ou *introductions aux Sciences*, etc., par F. CHEVALIER, Professeur. Dijon, 1823, in-18, broc., 1 f. 25 | 00 00 75 00 | 85 00

Histoire de France (abrégé de l'), depuis le commencement de la Monarchie, jusqu'à la fin de 1819, par G. PEIGNOT, Inspecteur de l'Académie de Dijon, Membre de plusieurs Sociétés savantes, etc., etc.; 1 vol. in-8° de 550 pages, et orné des portraits de nos Rois, br. 6 f., la douz., 50 f., le cent 300 f.

L'Édition de cet abrégé, le plus complet que nous ayons, est aujourd'hui, des plus recherchés, pour l'exactitude de ses dates. Ce livre, qui a été tiré à 1500 exemp., s'en va épuisé, il n'en reste plus que 220 exemp., et 50 en papier vél. du prix de 5 f. pour 8 f..

Bibliothèque nécessaire, ou *Répertoire de tout ce que le Systéme métrique, offre de plus intéressant*, contenant : l'arithmétique décimale dans toute sa perfection, la conversion des anciennes mesures en nouvelles, avec tables ; la géométrie, l'arpentage et le toisé, avec figures, et des modèles d'actes et mémoires les plus usités, auxquels on a joint l'exprimé de la loi, par *J.-J. Ferraton*. Dijon, 1822, 1 vol. in-18, broché, 1 f., la douz. 9 f., le cent 60 f.

Maximes tirées de l'Ecriture Sainte, nouv. édit., en franc., in-16, adopté par le Conseil royal de l'instruction publique, à l'usage des Ecoles, 15 c., la douz. 75 c., le cent ; 5 f.

Art (l') de lever les plans et nouveau Traité de l'Arpentage et du Nivellement, dans lequel on enseigne des méthodes courtes et faciles, pour arpenter et calculer toutes sortes de surfaces ; suivi d'un Traité du Lavis, et augmenté d'un Traité de Stéréométrie. Ouvrage mis à la portée des Instituteurs, des Propriétaires et des personnes de toutes les classes ; par J.-B. DE MASTAING, Arpenteur-Géomètre ; deuxième édition, 1 vol in-12 ; avec 28 planches, prix 4 fr.

www.ingramcontent.com/pod-product-compliance
Lightning Source LLC
Chambersburg PA
CBHW060400170426
43199CB00013B/1938